Im Schatten der Gewalt

Horst Ehmke

Im Schatten der Gewalt

Roman

edition q

Bibliografische Information der Deutschen Bibliothek
Die Deutsche Bibliothek verzeichnet diese Publikation in der
Deutschen Nationalbibliografie; detaillierte bibliografische Daten
sind im Internet über http://dnb.ddb.de abrufbar.

Alle Rechte vorbehalten.
Dieses Werk, einschließlich aller seiner Teile, ist urheberrechtlich
geschützt. Jede Verwertung außerhalb der engen Grenzen des
Urheberrechtsgesetzes ist ohne Zustimmung des Verlages unzulässig
und strafbar. Das gilt insbesondere für Vervielfältigungen, Übersetz-
ungen, Mikroverfilmungen, Verfilmungen und die Einspeicherung
und Verarbeitung auf DVDs, CD-ROMs, CDs, Videos, in weiteren
elektronischen Systemen sowie für Internet-Plattformen.
© edition q im be.bra verlag GmbH
Berlin-Brandenburg, 2006
KulturBrauerei Haus S
Schönhauser Allee 37, 10435 Berlin
post@bebraverlag.de
Lektorat: Christian Härtel, Berlin
Umschlaggestaltung: Bauer & Möhring, Berlin
Satz: Greiner & Reichel, Köln
Schrift: Stempel Garamond 10,5/15,5
Druck und Bindung: GGP Media GmbH, Pößneck
ISBN 3-86124-599-X
ISBN 978-3-86124-599-5

www.bebraverlag.de

Ein frühlingshafter Morgen im April. Ich stand auf der Terrasse unseres Hauses in Ittenbach, um die gute Luft und den herrlichen Blick zu genießen. Im Nordwesten ragt aus dem nahen Siebengebirge der Ölberg auf. Nach Osten schaut man weit ins Pleiser Ländchen hinein. Im Süden zieht sich der Aegidienberg hin. Und vor dem Westwind schützt uns der Höhenzug, an dessen Hang unser Haus liegt.

Drinnen klingelte das Telefon. Es klang mir besonders schrill. Ich zog auf der Terrasse meine Schuhe aus, legte im Wohnzimmer meine Jacke ab und ging an den Apparat: »Hier Walter Kuhlmann.«

Es war Engler, mein Nachfolger als Leiter der Anti-Terror-Abteilung im Bundeskriminalamt, die vor zwei Jahren von Meckenheim nach Berlin verlegt worden war.

»Entschuldigen Sie, dass ich Sie an einem Sonntagmorgen störe, Kuhlmann«, fing er an. Er klang bedrückt. »Aber Sie sollen es von mir selbst erfahren.« Er machte eine Pause, brauchte aber gar nicht mehr weiterzusprechen. Ich hatte schon instinktiv begriffen, dass Andreas Basler tot war.

»Was ist passiert?«, fragte ich.

»Er ist, halb zufällig, auf das islamistische Kommando gestoßen, nach dem wir mit allen Kräften fahnden. Sie haben ihn erschossen.«

»Ein Polizisten-Schicksal hat sich erfüllt.«

»Wir haben uns auf ihre Spur gesetzt. Mehr kann ich jetzt nicht sagen. Wir stehen unter ungeheurem Druck.«

»Verstehe.«

»An Sie als alten Kollegen und Freund von Basler habe ich eine Bitte. Können Sie sich, zusammen mit einer Kollegin aus der Personalabteilung der Zentrale in Wiesbaden, um Baslers Beerdigung und Nachlass kümmern samt allen damit verbundenen Formalitäten? Wir schaffen das jetzt einfach nicht.«

»Selbstverständlich. Ich übernehme das. Ihnen allen viel Glück!«

»Das werden wir brauchen.«

*

Gedankenverloren legte ich den Hörer auf, machte mir in der Küche einen Kaffee und setzte mich zum Nachdenken in mein Arbeitszimmer, in dem Basler und ich oft getagt hatten. Obwohl ich in meinem Leben viele Tote gesehen und viele Tode erlebt habe, machte mich der Abschied von Andreas Basler beklommen. Er war im Lauf der Jahre ein Teil meines Lebens geworden, ein Stück von mir.

Andreas Basler! Er war etwa fünfzehn Jahre jünger als ich, musste jetzt also erste Hälfte fünfzig gewesen sein.

Obwohl Frauen ihn attraktiv fanden, war er unverheiratet geblieben. Warum, hatte ich nie ganz ergründen können. Er war in Stuttgart zur Welt gekommen. Sein Vater hatte als junger Pfarrer in einem Flecken auf der Schwäbischen Alb die Dorfschullehrerin geheiratet. Andreas war ihr drittes Kind gewesen, glaube ich. Einer dieser genialischen Schwaben, die ihren Hang zum Philosophieren mit einer stupenden praktischen Begabung verbinden. Er konnte sogar Hochdeutsch!

Bei seiner Geburt hätte ihm niemand vorausgesagt, dass er eine Polizeikarriere machen würde. Nach seinem glänzenden Abitur sicher auch nicht. Er ging 1968 nach Berlin an die Freie Universität, um Philosophie zu studieren. Dort kam er mitten in die Studentenproteste hinein. Zwei Jahre später sattelte er auf Jura und Politik um. Sein Engagement in der APO und sein Doppelstudium führten dazu, dass er erst Mitte der siebziger Jahre seine Abschlüsse, Referendar- und Diplom-Examen, machte.

Zu jedermanns Überraschung bewarb er sich danach beim Bundeskriminalamt. Ich habe nie ganz verstanden, was ihn eigentlich dazu getrieben hat. Als Kind des Ruhrgebiets weiß ich aber auch nicht, was schwäbische Seelen bewegt. Da Basler weder sein APO-Engagement noch eine damit in Zusammenhang stehende Bewährungsstrafe verschwieg, schien seine Bewerbung damals aussichtslos zu sein. Das BKA wollte ihn sich zunächst noch nicht einmal anschauen. Angesichts seiner ausgezeichneten Examen wurde diese Entscheidung aber revidiert. Bei seiner Anhörung schlug er sich überzeugend. Man befragte

Leute, die ihn aus seiner APO-Zeit kannten. Sie versicherten übereinstimmend, er habe Gewaltanwendung immer abgelehnt. Beim Bundeskriminalamt nahm man ihm schließlich als Motiv für seine Bewerbung den Wunsch ab, in der Polizei bei Auseinandersetzungen zur Deeskalation von Gewalt beizutragen.

Mir war Basler während seiner Ausbildung im BKA von vornherein positiv aufgefallen, er war ein ungewöhnlicher junger Mann. Ungewöhnlich war dann auch sein Aufstieg im Amt. Er war in Polizeistrategie und -taktik so einfallsreich wie in operativen Einsätzen umsichtig und mutig. Einige Jahre hatten wir in der Drogenfahndung zusammengearbeitet. In einem besonders gefährlichen Einsatz hatte er mir durch kaltblütiges Eingreifen das Leben gerettet. Ich war in einer Fabrikhalle in einen Hinterhalt geraten. Einer der Gangster drückte mir seine Pistole gegen die Schläfe. Da schwang sich Basler am Kabel einer Transportplattform zu uns herüber und hinunter und setzte den Burschen mit einem gewaltigen Fußtritt an den Hinterkopf außer Gefecht. So waren wir, trotz aller Unterschiede in Herkommen, Charakter und Anschauung, Freunde geworden. Freunde, nicht Kumpel.

Basler absolvierte viele Sonderausbildungen, wurde mehrfach ins Ausland geschickt und für Spezialaufgaben als Verbindungsmann zu Verfassungsschutz und Bundesnachrichtendienst eingesetzt. Durch diese vielseitigen Erfahrungen erwarb er ein immenses Fachwissen. Aus all diesen Gründen hatte ich ihn dann später zu mir in die

Anti-Terror-Abteilung geholt. Dort stieg er zum Kriminaldirektor auf.

Das war die eine Seite der Medaille. Andererseits blieb Basler in all diesen Jahren seinen Kollegen und Vorgesetzten oft ein Rätsel. Er neigte nicht nur zur Selbstversponnenheit, sondern auch zu Eigenmächtigkeiten, die mehr als einmal zu Vertrauenskrisen führten. Auch in der Anti-Terror-Abteilung hatte er sich in Schwierigkeiten gebracht, aus denen ich ihn nur mit Mühe herausholen konnte. An meiner positiven Grundeinstellung Basler gegenüber hatte das nichts geändert. Im Laufe der Jahre war ich zu der Überzeugung gekommen, dass Basler immer wieder von grundsätzlichen Zweifeln an seinem Polizeidienst heimgesucht wurde, was meiner Erfahrung nach gerade bei begabten Kriminalisten häufiger vorkommt, als Außenstehende meinen mögen. Und nun hatte Basler im Dienst sein Leben gelassen.

*

Anfang der Woche begann ich, mich um Baslers Beerdigung und seinen Nachlass zu kümmern. Zunächst setzte ich mich mit meiner Kollegin in der Wiesbadener Personalabteilung in Verbindung. Von ihr erfuhr ich, dass Basler einen Vermerk zu seiner Personalakte gegeben hatte, er habe ein handschriftliches Testament bei einem Berliner Notar hinterlegt und bitte die Abteilung, sich im Falle seines Todes mit diesem in Verbindung zu setzen. Wir flogen nach Berlin und erfuhren von dem Notar, dass

Basler ihn angewiesen hatte, die Testamentseröffnung in Anwesenheit eines BKA-Vertreters vorzunehmen. Basler hatte keine Familie und auch keine nahen Verwandten mehr.

Hinsichtlich seiner Beerdigung hatte Basler keine Angaben gemacht. Ich sorgte dafür, dass er in Berlin-Wilmersdorf neben seiner türkischen Lebensgefährtin Ayse Güntürk begraben wurde. Ich hatte sie durch Basler kennen gelernt und hatte das Drama ihres Todes, der erst ein halbes Jahr zurücklag, noch in frischer Erinnerung. Auch Güntürk, die für die türkische Botschaft gearbeitet hatte, war erschossen worden. Bei ihrer Beisetzung hatte Basler mir gegenüber geäußert, er wolle einmal neben ihr begraben werden. Sein Testament stammte aber noch aus der Zeit vor ihrem Tod.

Zu Baslers Beisetzung flog ich wieder nach Berlin. Dort traf ich viele meiner Kollegen, ganz überwiegend »Ehemalige«. Die Aktiven befanden sich zu dieser Zeit im Dauereinsatz. An Baslers Grab traf ich auch Sara Akşin, eine jüngere Kollegin von Güntürk aus der türkischen Botschaft. Ich wusste nur, dass sie mit Andreas Basler und seiner Lebensgefährtin gelegentlich zusammengearbeitet hatte und dass sie Basler an dem Tag, an dem er erschossen worden war, begleitet hatte. Nach der Beerdigung sprach ich mit ihr darüber. Sie war schön und schien intelligent zu sein.

Über seinen Nachlass hatte Basler in seinem Testament eine einfache Verfügung getroffen: Alles ging an die Hans-Sonntag-Stiftung für Kollegen, die im Dienst zu

Schaden gekommen waren. Der Notar brachte das mit der Personalabteilung des Amtes auf den Weg. Für mich hielt Baslers Testament eine Überraschung bereit. Er hatte mir seine Tagebücher vermacht, siebzehn Bände. Auf dem Deckblatt des ersten Bandes stand in kunstvoller Handschrift ein Spruch aus dem Matthäus-Evangelium: »Wer zum Schwerte greift, wird durch das Schwert umkommen.«

Ich hatte nicht gewusst, dass Andreas Basler Tagebuch schrieb und stürzte mich neugierig in die Lektüre seiner Bände. Ich hatte über die Jahre viel über Basler nachgedacht. Was würde ich aus seinen Tagebüchern über ihn erfahren? Wie weit würden sie meine Erinnerungen bestätigen, ergänzen oder aber widerlegen? Schon ein erster Blick in die Bände zeigte mir: Basler war immer ein scharfer Beobachter und ein großer Grübler gewesen. Er hatte sich in den Tagebucheintragungen nicht auf seine Arbeit beschränkt, vielmehr auch allgemeine Entwicklungen kommentiert und – bis zu erotischen Erlebnissen hin – Gefühlsbewegungen festgehalten.

Für mich war es ein seltsames Gefühl, in das Innenleben eines Menschen einzudringen, den ich zu kennen geglaubt hatte, der sich mir aber erst beim Lesen seiner Tagebücher wirklich erschloss. Ich erinnerte mich an den Satz: »Wer hat je seinen Vater gekannt, wer je in seines Bruders Herz gesehen?«, wusste aber nicht mehr, wo ich ihn gelesen hatte. Ich kam mir indiskret vor. Manches von dem, was ich aus den Tagebüchern erfuhr, wollte ich gar nicht wissen.

Der Ton seiner Eintragungen hatte sich nach und nach geändert. Die ersten Bände waren frisch geschrieben, strahlten jugendlichen Glanz aus. Nach Baslers Eintritt in den Polizeidienst hatte diese Tonlage einer faszinierenden Selbstbefragung und einer schrittweisen Selbstkorrektur Platz gemacht. Der Mann war sich gegenüber immer ehrlich geblieben. Wie ich mit Betroffenheit feststellen musste, ehrlicher als gelegentlich mir gegenüber. Er hatte zu seinem Polizeidienst in innerer Distanz gestanden. Darin wurzelten seine Fehler wie seine großen Leistungen. Je mehr ich las, desto klarer wurde mir: Sein Leben, ein Leben im Schatten der Gewalt, war ein einziges Drama gewesen und hatte sich schließlich unlösbar mit dem Drama des Kampfes gegen den islamistischen Terror verkettet.

So sehr mich die Lektüre der Tagebücher beschäftigte, die Tatsache, dass die Kollegen »draußen« unserer bisher größten Herausforderung durch diesen Terrorismus gegenüberstanden, blieb mir immer präsent. Nach dem dramatischen Showdown habe ich mir diese Wochen dann von den Beteiligten in allen Einzelheiten schildern lassen. Dabei wuchs in mir der Wunsch, über Baslers Leben ein Buch zu schreiben. Er selbst konnte es ja nun nicht mehr tun. Ich wollte mich dabei auf meine Erfahrungen und Erinnerungen, auf meine Gespräche mit Basler und mit anderen Kollegen stützen, vor allem aber auf seine Tagebücher. Die Lücken, die dabei blieben, sollten mit kriminalistischer Phantasie geschlossen werden.

Als ich meiner Frau Inge, der ich vieles aus Baslers Tagebüchern erzählt hatte, mein Vorhaben gestand, sagte sie nur: »Tu das. Für alle Kolleginnen und Kollegen, die den Kampf gegen den Terrorismus zu ihrem Beruf gemacht haben.« Damit war die Sache entschieden. Ich wusste auch schon, an welchem Punkt ich in Baslers Geschichte einsteigen würde: am Neujahrstag 2004.

*

An jenem Neujahrsmorgen vor zwei Jahren rief mich Basler aus der Anti-Terror-Abteilung, die damals noch in Meckenheim saß, an und bat mich um ein sofortiges Gespräch. Da wir uns immer wieder ausgetauscht hatten, war ich erstaunt, dass er es plötzlich so eilig hatte. Offenbar stand er unter erheblichem Druck. Ich schlug ihm vor, am späten Nachmittag nach Ittenbach zu kommen, um noch die schöne Aussicht genießen zu können und dann zum Essen zu bleiben. Nach Karpfen blau zu Silvester erwarte ihn allerdings nur ein einfaches Abendbrot. Basler nahm die Einladung an.

Inge tischte Brot, Aufschnitt und Käse, Gurken, Radieschen und Mohrrüben auf und überließ uns die Wahl zwischen Bier und Wein. Wir fingen mit Bier an. Inge erzählte Basler von unserem Leben in Ittenbach, von unseren Kindern und Enkelkindern. Daraus entwickelte sich aber kein Gespräch. Inge hatte nie einen Zugang zu Basler gefunden. Er habe so viele Facetten, dass man an ihn selbst nicht herankomme, hatte sie einmal geklagt. So ging die Unterhaltung auf uns Männer über und drehte sich dann bald nur noch um das BKA, die Abteilung und ihre Arbeit. Nach dem Essen schlug ich vor, Inge von unserer Fachsimpelei zu befreien. Basler bedankte sich artig bei ihr und ging dann mit mir ins Arbeitszimmer hinüber.

Bei einer Flasche Spätburgunder von der Ahr saßen wir uns gegenüber. Basler sah besorgt aus. Doch er sprach entgegen meiner Erwartung nicht von persönlichen, sondern von allgemeinen Sorgen. Er fürchte, dass eine falsche Reaktion auf den islamistischen Terrorismus mehr Schaden anrichten könne als die Terroristen selbst. So beantworte die amerikanische Regierung das Versagen ihrer Sicherheitsbürokratie vor dem 11. September mit noch mehr Bürokratie. Außerdem leiste sie mit ständigen Terrorwarnungen der von den Extremisten angestrebten allgemeinen Panik Vorschub. Eine ausufernde Überwachung und Bevormundung der Bürger drohe, diese auf die Barrikaden zu treiben. Ihn erinnere das an den so genannten Radikalen-Erlass von 1972. Lebhaft gestikulierend rief er mir ins Gedächtnis zurück, dass damals eine halbe Million überwiegend junger Menschen überprüft, im Endergebnis aber nur 450 vom öffentlichen Dienst ausgeschlossen worden waren. Die Folge dieser Hysterie sei ein großer Vertrauensverlust des Staates gewesen.

Meiner Meinung nach hinkte dieser Vergleich beträchtlich, ich ging aber nicht weiter darauf ein. Ich konzedierte, dass auch ich an manchen der getroffenen Anti-Terror-Maßnahmen Zweifel hätte. Man müsse das aber

Punkt für Punkt diskutieren. Daraufhin übte Basler heftige Kritik an Präsident Bushs Nahost- und Irakpolitik. Mit ihr habe er den radikalen Islamisten ein neues Kampffeld eröffnet. »Ja«, sagte ich, »ein Kampffeld, das vom Mittelmeer bis nach Zentral- und Ostasien reicht und Rekrutierungsfeld für immer neue Selbstmordattentäter geworden ist.« Glücklicherweise hätten wir diesen Unsinn nicht mitgemacht.

Basler wechselte das Thema erneut. In unserem Sicherheitsapparat, teilweise auch im BKA, mache sich eine Tendenz breit, die islamische, insbesondere auch die große türkische Minderheit in unserem Land unter Druck zu setzen, um sie von einer Unterstützung islamistischer Extremisten abzuschrecken. Er halte das für kontraproduktiv. Wenn man von einer Politik der Integration, so unvollkommen sie sei, zu einer präventiven Repression übergehe, werde man allen Radikalen ein Sympathisanten-Umfeld schaffen, in dem sie sich relativ gefahrlos bewegen könnten. Auch das erinnere ihn an APO-Zeiten. Die Überreaktion der beunruhigten Öffentlichkeit, die Hetze eines Teils der Medien und die aus Hilflosigkeit oder Brutalität begangenen Exzesse der Polizei hätten damals das Umfeld geschaffen, aus dem heraus wenig später die RAF ihre Mordanschläge planen und ausführen konnte.

Auch auf diesen Vergleich ging ich nicht ein. Ich wartete darauf, dass Basler nun endlich seine eigenen, vermutlich persönlichen Probleme ansprechen würde. Stattdessen wurde er wortkarg. Wir hatten unseren Spätburgunder noch nicht ausgetrunken, da rüstete er schon zum Aufbruch. Vielleicht hatte er angesichts unseres friedlichen Ruhestandslebens in Ittenbach den Mut verloren, mich mit seinen Problemen zu behelligen. Als er sich etwas mürrisch von mir verabschiedete, war ich mir aber sicher: Er würde wiederkommen.

*

Am folgenden Morgen fand Basler in seinem Meckenheimer Büro keine Zeit, weiter darüber nachzudenken, warum er die Absicht, bei mir Rat zu holen, am Vorabend aufgegeben hatte. Im Amt herrschte Alarmstimmung. Gerüchte und Hinweise hatten sich zu einer Meldung des Kölner Verfassungsschutzes verdichtet, ein islamistisches Terrorkommando habe in Köln-Nippes bei Anhängern der verbotenen Organisation »Kalifatstaat« Unterschlupf gefunden. Der Auftrag des Kommandos sei angeblich, den Kölner Dom in die Luft zu sprengen.

Basler hielt die Reaktionen vieler seiner Amtskollegen für überzogen, schätzte die tatsächliche Gefahr eher gering ein. Von den türkischen Diensten lag keine Warnung vor. Ein islamistisches Terrorkommando würde nicht ausgerechnet bei Anhängern einer verbotenen und aufgerollten Organisation Quartier nehmen. Und für eine Sprengung des Kölner Doms müsste es schon einige Wagenladungen Sprengstoff herankarren. Vermutlich wurden nur einmal mehr Gerüchte oder gar Denunziationen aufgebauscht, um eine härtere Linie gegenüber der islamischen Minderheit zu rechtfertigen.

Das Landeskriminalamt Nordrhein-Westfalen bat das BKA um Unterstützung. Basler wurde nach Köln geschickt. Er ließ sich von zwei seiner Mitarbeiter aus dem gehobenen Dienst, der die Hauptlast der Einsätze des BKA trägt, begleiten. Vor Ort sah Basler seine Vermutung bestätigt. In dem Haus, in dem angeblich Terroristen Unterschlupf gefunden hatten, wohnte seit über zwanzig Jahren eine türkische Familie, die bisher nicht verdächtigt worden war, überhaupt Kontakt zum »Kalifatstaat« zu haben. Außerdem stand sie kurz vor dem Erwerb der deutschen Staatsangehörigkeit. Der aus der islamischen Gemeinde stammende Informant hatte von den Terroristen eigentlich auch nur nächtliche Schatten gesehen.

Die Vorschläge des LKA und der Zuständigen vor Ort erstreckten sich vom Einsatz eines Observationsteams bis zur Erstürmung des Hauses. Basler hörte sich das alles an, ließ einen seiner Beamten in der Besprechung und fuhr mit dem zweiten zu dem Haus der türkischen Familie. Er wies seinen Begleiter an, das Haus zu beobachten und klingelte dann an der Haustür. Als geöffnet wurde, fand er in dem kleinen Haus eine türkische Großfamilie vor, deren mittlere Generation recht gut Deutsch sprach. Er zückte seinen Dienstausweis, zeigte dem Oberhaupt der Familie aber nur dessen Rückseite und gab vor, von der Feuerwehr zu sein. Er habe die Brandschutzvorkehrungen im Hause zu überprüfen. Der alte Türke, bemüht, keinen Ärger mit den deutschen Behörden zu kriegen, führte ihn durch das ganze Haus. Von Terroristen keine Spur, nicht einmal ein Schatten im Keller.

Die Zuständigen vor Ort, die die Chance gesehen hatten, sich in einer gefährlichen Situation zu bewähren, fuhren aus der Haut, als sie von Baslers Alleingang hörten. Sie warfen ihm vor, durch seine Eigenmächtigkeit die Terroristen gewarnt zu haben. Wahrscheinlich hätten die das Weite gesucht. Das Haus sei ja nicht einmal umstellt gewesen. Und die Wirtsfamilie habe jetzt genügend Zeit gehabt, etwaige Spuren zu verwischen. Die Kollegen vom BKA bemühten sich, die Gemüter zu beruhigen, fühlten sich aber gleichfalls düpiert. In der Meckenheimer Abteilung rief deren Chef Engler die maßgeblichen Leute zu einer Besprechung zusammen und forderte Basler auf, über den »Kölner Fall« zu berichten. Er wusste: Am kommenden Morgen würde alles durch die Medien gehen und anschließend – 2004 war ein Marathon-Wahljahr in Ländern und Gemeinden – politisch aufgebauscht werden, zum Schaden der Sicherheitsbehörden, vor allem des BKA.

Nachdem Basler engagiert und offen berichtet hatte, machte Engler aus seiner Missbilligung für Baslers Vorgehen keinen Hehl. Selbst wenn die Meldung über die angebliche Gefahr in Köln-Nippes ohne realen Kern gewesen sein sollte, sei der Alleingang Baslers unprofessionell gewesen. Nur eine abgesicherte gründliche Durchsuchung des Anwesens und der Nachbarschaft hätte zuverlässig Klarheit schaffen können. Jetzt werde nicht nur Basler, sondern die ganze Abteilung unter die »Weicheier« eingereiht werden, was immer das BKA erklären würde.

Basler widersprach energisch und schlug dabei mit der Faust auf den Tisch. Die in Köln alteingesessene türkische Familie, die kurz vor der Einbürgerung stehe, aufgrund unbelastbarer Informationen mit einer martialischen Durchsuchungsaktion zu überziehen, hätte nicht nur zu einer gerichtlichen Niederlage und zu Schadensersatzforderungen, sondern in der verantwortlich denkenden Öffentlichkeit auch zu Vorwürfen der Hysterie geführt. Durch solche Exzesse schaffe man den Terroristen ein Sympathisanten-Umfeld, das weit über islamistische Zirkel hinausreichen werde. Man solle nicht vergessen, dass kein einziger Türke zu den islamistischen Zellen gehört habe, die nach dem Anschlag vom 11. September 2001 in den USA bei uns ausgehoben worden seien. Auf gleicher Linie läge es übrigens, wenn aus den Reihen der Sicherheitsapparate gewissen Journalisten nicht-belastbares Material zugespielt werde, aus dem diese dann scheinbar exakte, der Stimmungsmache dienende Sensationsberichte zusammenbastelten.

Jetzt schlugen die Wogen hoch. Baslers dicker Kollege Merkel – die beiden hatten sich noch nie ausstehen können – rief mit hochrotem Kopf: »Das ist eine Nestbeschmutzung! Sie passt gut zu einem Kollegen, dessen Personalakte einem Roman über Disziplinlosigkeit und Unkollegialität gleicht. Basler schadet mit seinem selbstquälerischen wie aufrührerischen Wesen unserer Arbeit!«

Darauf herrschte erst einmal Ruhe, da die übrigen Teilnehmer der Runde überlegten, woher der Kollege Merkel wohl Baslers Personalakte kenne und was denn in ihr drin stehen könnte. Der Abteilungsleiter nutzte die Atempause dazu, die Diskussionsführung wieder an sich zu ziehen. Er verbäte sich solche persönlichen Entgleisungen. Der Kollege Merkel möge zur Sache kommen.

Der Zurechtgewiesene antwortete, er sei gerade bei der Sache. Seit langem versuche der Kollege Basler, die Abteilung mit seinen Ansichten über »Alarmismus« zu indoktrinieren. Woher er seine Weisheiten über die Lage in der türkischen Minderheit bezöge, habe er aber noch niemals verraten. Er solle doch bitte einmal offen legen, in welchem Verhältnis er zu der »Dame Güntürk« stehe, die in der türkischen Botschaft in Berlin für die türkische Minderheit in der Bundesrepublik zuständig sei, genauer wohl für deren Überwachung. Wobei nicht klar sei, ob sie eigentlich für die dem türkischen Innenministerium unterstehende Polizei oder aber für den dem Ministerpräsidenten unterstehenden Geheimdienst arbeite. »Was immer Baslers Beziehungen zu Frau Güntürk sein mögen«, dozierte Merkel, »klar ist: Er vertraut ihr mehr als seinen eigenen Kollegen.«

»Kollege Merkel«, fuhr Engler ihn an, »belasten Sie unsere gemeinsame Arbeit, die schwer genug ist, nicht mit persönlichen Animositäten. Wenn in der Abteilung in dieser Hinsicht etwas zu klären ist, überlassen Sie das mir.« Die Kollegenrunde signalisierte murmelnd Zustimmung.

»Nein, nein, Herr Engler«, ergriff daraufhin Basler das Wort. »Ich finde es gut, dass Verdächtigungen und Denunziationen, die nun schon seit Wochen in Umlauf gesetzt werden, endlich einmal offen auf den Tisch kommen. Das gibt mir die Chance, zu ihnen Stellung zu nehmen. Danke, Herr Kollege Merkel!« Er kenne Ayse Güntürk seit über fünfundzwanzig Jahren. Sie hätten sich erstmals in Istanbul getroffen, als er 1979/80 im Polizeiaustausch für ein Jahr in die Türkei geschickt worden sei. Ziel des Austauschs sei eine bessere Zusammenarbeit der Behörden beider Länder in Bezug auf die türkische Minderheit in der Bundesrepublik gewesen. Diese Zusammenarbeit sei seinerzeit erforderlich gewesen, da die bürgerkriegsähnlichen Zustände in der Türkei auf die Bundesrepublik überzuspringen drohten. Er erinnere nur an die gewaltsamen Angriffe der rechtsextremen »Grauen Wölfe« auf linke Landsleute. Außerdem sei schon damals ein Teil des internationalen Drogenhandels über die Türkei gelaufen.

Ayse Güntürk und er seien Kollegen gewesen und Freunde geworden. Er habe sie persönlich wie dienstlich schätzen gelernt und dabei sei es bis heute geblieben. Nach seiner Rückkehr nach Deutschland habe sich ihre Verbindung immer weiter gelockert. Als Güntürk dann aber – nach einer steilen Karriere in der türkischen Polizei – 1994 in die türkische Botschaft in Berlin versetzt worden sei, hätten sie ihre Verbindung wieder aufgenommen. »Wir tauschen uns gelegentlich über die Lage und Stimmung unter den Türken in Deutschland

aus, den *Almanci*, wie man sie in der Türkei nennt.«
Dass im Kampf gegen den islamistischen Terrorismus die
Zusammenarbeit mit den türkischen Kolleginnen und
Kollegen noch wichtiger sei als zur Zeit der »Grauen
Wölfe«, sei wohl unbestritten. »Oder, Herr Kollege Mer-
kel?«

Natürlich sei das unbestritten, antwortete sein Kritiker. Aber auch in der türkischen Botschaft frage man
sich, welche Art von Beziehung eigentlich zwischen Frau
Güntürk und Herrn Kriminaldirektor Basler bestehe.

»In der türkischen Botschaft?« Baslers Augen blitzten.
»Ich finde es interessant«, Herr Kollege Merkel, »wie
genau Sie über die Verhältnisse dort informiert zu sein
scheinen. Würden Sie die Güte haben, unserer Runde
Ihren Informanten zu nennen?« Als der dicke Merkel
darauf nicht antwortete, lachte Basler nur. »Sonst noch
Fragen, Herr Kollege?«

Zum Ärger Englers antwortete Merkel mit Ja. Er fragte Basler, ob seine Auffassung über die Gefahren des islamischen Terrorismus und die Gefahren des »Alarmismus« bei dessen Bekämpfung mit den Ansichten von
Frau Güntürk übereinstimmten. »Das müssen Sie sie
schon selber fragen«, antwortete Basler. Er sehe sich
durch den Meinungsaustausch mit ihr jedenfalls in seiner
Auffassung bestärkt. Schließlich kenne sie ihre Landsleute besser als jeder von ihnen. Außerdem müsse man
im Auge behalten, dass die Regierung Erdogan die Ge-
gensätze zwischen der islamischen kulturellen Tradition
des Landes und dem laizistischen Selbstverständnis der

Republik Atatürks, das für eine Trennung von Religion und Staat steht, zu mildern suche. Das sei eine Politik, die – wie die Anschläge des vergangenen Jahres in Istanbul drastisch gezeigt hätten – auf den erbitterten Widerstand der extremistischen Kräfte stoße. Was die Bekämpfung des internationalen Terrorismus angehe, bestehe zwischen Deutschland und der Türkei also große Übereinstimmung.

»So«, beendete Engler die Diskussion. »Nachdem das geklärt scheint, gehen wir jetzt wieder an die Arbeit.« Die Runde erhob sich vom Besprechungstisch in der Gewissheit, dass der Streit über die richtige politische Strategie und polizeiliche Taktik in diesen Fragen weitergehen werde – nicht nur zwischen Merkel und Basler.

*

Am Abend rief Andreas Basler Ayse Güntürk in Berlin an. Was er seinen Kollegen nicht erzählt hatte: Sie waren vor fast fünfundzwanzig Jahren in Istanbul – er war damals Ende, sie Anfang zwanzig gewesen – ein Liebespaar geworden, verknallt bis über beide Ohren. Im Bett hatte Basler Ayse als ein erotisches Naturwunder erlebt, doch ihre Gefühle füreinander gingen weit darüber hinaus. Auf gemeinsamen ausgedehnten Reisen hatte er viel von der Türkei gesehen. Sie hatten sogar Ayses Eltern in Malatya besucht. Ayse hatte auf Anregung von *Almanci*-Freunden Deutsch gelernt und sprach es ganz gut. Basler lernte etwas Türkisch.

Am Ende seines Dienstes in der Türkei hatten Andreas und Ayse sogar über Heirat gesprochen. Aber Basler war davor zurückgeschreckt. So sehr er sie liebte, seit seiner ersten wichtigen Beziehung scheute er davor zurück, sich an eine Frau zu binden. Ayse gegenüber hatte er vorgeschoben, der Beruf des Polizisten, »der Dienst, den ich auf mich genommen habe«, schlösse ein einigermaßen glückliches Familienleben, Kinder einbegriffen, aus. Was Ayse nicht wusste: Basler sagte das nicht aus Liebe zu seinem Beruf, sondern weil er nur schwer mit diesem fertig wurde. Ayse sah die Frage der Heirat in ihrem Herzen anders. Sie war Polizistin geworden, weil Angehörige ihrer alevitischen Familie brutalen Übergriffen der »Grauen Wölfe« zum Opfer gefallen waren. Nur der laizistische Staat konnte in ihren Augen die Aleviten schützen. Aber sie musste nicht Polizistin bleiben. Allerdings war sie unsicher, ob sie als Alevitin einen Christen heiraten sollte. So ließ sie sich auf Baslers Argument ein, in ihrem Beruf sei es besser, Single zu bleiben. Trost fand sie in der Tatsache, dass sie schnell Karriere machte, erst bei der Polizei, dann auch im Geheimdienst.

Als Basler nach Deutschland zurückgegangen war, hatten die beiden zwar noch zweimal – einmal in Deutschland, einmal in der Türkei – miteinander Urlaub gemacht. Dann waren sogar ihre Briefkontakte nach und nach eingeschlafen. Seit Ayse aber 1994 in die Berliner Botschaft versetzt worden war, hatten sie sich wiedergefunden. Sie liebten sich wohl immer noch, wagten aber nicht, es einander einzugestehen. Beide versuchten, ihre Beziehung in den Grenzen einer guten Freundschaft zu halten. Da dienstlich für beide der Kampf gegen den islamistischen Terrorismus zu ihren Hauptaufgaben gehörte, tauschten sie sich regelmäßig darüber aus, ohne zu ahnen, dass ihnen das eines Tages zum Vorwurf gemacht werden könnte.

Baslers Anruf an jenem Abend erreichte Ayse in ihrer Berliner Wohnung. In Stichworten erzählte er ihr von der Kampagne gegen sie beide. Sie fragte erstaunt, ob er das denn ernst nehme. »Oh ja«, kommentierte er, »das muss ich, oder richtiger, das müssen wir ernst nehmen. Die Geschichte fängt gerade erst an, ihr Ende ist nicht abzusehen.« Ayse bat ihn, ihr diese Einschätzung zu erklären. »Gerne«, antwortete er, »aber nicht am Telefon.« Da sie sich das letzte Mal in Köln getroffen hatten, bot er ihr an, am Wochenende nach Berlin zu kommen.

Am Samstagabend gingen die beiden ins Restaurant »Hasir« in der Oranienburger Straße. Sie wollten wieder einmal zusammen türkisch essen. Sie waren, obwohl nicht mehr ganz jung, ein schönes Paar. Jedenfalls passten sie gut zueinander, beide von stattlicher Erscheinung und mit dunklem Haar. Nach dem Essen kam Basler bei einem türkischen Kaffee zum eigentlichen Thema. Er schilderte kurz den »Kölner Fall«, von dem Ayse schon in den Zeitungen gelesen hatte, und fasste dann die ihm gegenüber erhobenen Vorwürfe zusammen. Er arbeite statt mit den deutschen Sicherheitsbehörden am engsten mit der »Dame Güntürk« zusammen, ohne je darüber zu berichten. Die »Dame« sei in der Botschaft für die Überwachung der Türken in der Bundesrepublik zuständig, wobei nicht klar sei, ob sie für die Polizei oder für den Auslandsgeheimdienst arbeite. Er, Basler, stehe in seiner Kritik am »Alarmismus« von Teilen der Sicherheitsbehörden ganz offensichtlich unter ihrem Einfluss. Auch in der Botschaft rätsele man über ihr Verhältnis.

»Wie bitte?«, entfuhr es Ayse Güntürk.

»Genau so«, antwortete Basler. »Das ist zwar bloßes Geschwätz. Wir müssen es aber ernst nehmen, da sich daraus eine Kampagne entwickeln kann. Sie wird in meinem Fall mit Vorwürfen aus früheren Jahren verbunden werden, die aktenkundig sind. Am Ende dürfte die Anklage gegen uns darauf hinauslaufen, dass wir mit unserer ›Alarmismus‹-Schelte – aus welchen Gründen auch immer – die Sicherheitsbehörden in ihrem entschlossenen Vorgehen gegen die radikalen islamistischen Kräfte behindern.« Das sei das eigentliche Thema, jedenfalls was den Streit in der Sache betreffe. Nebenbei sollten natürlich auch persönliche Rechnungen beglichen und eigene Karrierechancen verbessert werden.

»Und du nimmst an, dass es in dieser Sache zwischen meiner Botschaft und deiner Abteilung einen Kurzschluss gibt?« Ayse rührte in ihrem Kaffee.

»Ja. ›Kurzschluss‹ ist übrigens gut. Wer kann deiner Meinung nach in der Botschaft hinter dieser Intrige stecken?«

»Da brauche ich nicht lange zu überlegen. Spitzenkandidat ist mein Abteilungsleiter, Rahim Ömer, der für die

Botschaft die Entwicklung der türkischen Minderheiten in ganz Europa verfolgt.«

»Ihr kommt euch dienstlich ins Gehege?«

»Das auch. Ihm fällt es schwer zu akzeptieren, dass ich mich hinsichtlich der Türken in Deutschland besser auskenne als er.«

»Und was sonst noch?«

»Außerdem ist er hinter mir her, seit ich in der Botschaft bin, obwohl er weiß, dass ich ihn nicht ausstehen kann. So ein patriarchalisches Supermännchen, das nicht in der Lage ist, in Berlin ein Mädchen aufzureißen und stattdessen penetrant versucht, eine Mitarbeiterin auf dem Bürotisch flachzulegen.«

»Was für ein Vokabular, Ayse!« lachte Basler und küsste sie auf den Mund.

»Da er unsere freundschaftliche Beziehung kennt, ich habe sie ebenso wie du niemals verheimlicht, ist er vermutlich auch noch eifersüchtig auf dich.«

Basler lachte: »Sollten wir das nicht als Ansporn verstehen, ihm wieder einen echten Grund für Eifersucht zu liefern?«

»Nein, mein deutscher Behördenmensch. Reiß dich zusammen und sag mir lieber, mit wem sich mein Abteilungsleiter in deinem Umfeld kurzschließt.«

»Wohl mit meinem Kollegen Merkel, vorausgesetzt, dass der das nicht über einen Dritten laufen lässt.«

»Wie kommst du darauf?«

»Es sähe ihm ähnlich. Darf ich dir einen Rat geben?«

»Immer.«

»Nutze jede Gelegenheit, unseren dienstlichen Ge-
dankenaustausch in der Botschaft zur Sprache zu bringen. Und dem geilen Bürogockel dreh den Hals um!«

Beide lachten und bestellten eine Flasche Rotwein.
Ihre gute Stimmung sollte aber noch in derselben Nacht
verfliegen.

Als Basler in sein Hotelzimmer kam, klingelte das Telefon. Es war eine aufgeregte Ayse. Sie hatte in ihrer
Wohnung einen Brief vorgefunden, der unter der Wohnungstür durchgeschoben worden war. In ihm teilte ihr
eine »gute Freundin« anonym mit, dass sie verdächtigt
werde, entweder schon immer unter dem Deckmantel ihrer offiziellen Funktion für die Islamisten gearbeitet zu
haben oder aber seit ihrer Tätigkeit in der Berliner Botschaft zur Verräterin geworden zu sein. Es gebe Fotos,
die sie auf Empfängen im vertrauten Gespräch mit Islamisten zeigten, aber auch Fotos von offenbar geheimen
Treffen mit solchen Personen. Sie müsse auf der Hut
sein.

Basler war besorgt. »Offensichtlich habe ich die Gefahr noch unterschätzt. Es geht nicht um ›Alarmisten‹
gegen ›Weicheier‹, sondern um ›treue Sicherheitsrecken‹
gegen ›feige Verräter‹. Was das bedeutet, brauche ich dir
nicht zu erklären.«

»Nein«, sagte Ayse. »Ich gehe morgen zum Botschafter und zeige ihm den Brief. Dann beantrage ich ein Disziplinarverfahren gegen mich selbst zur Klärung dieser
Vorwürfe oder richtiger: Denunziationen. Dann sage ich

Ömer, dass er ein Schwein ist und dann fange ich an, nach der Seilschaft zu suchen, die gegen uns intrigiert.«

»Tu das«, bestärkte Basler sie in ihrem Vorhaben. »Lass dir nichts bieten. Bei mir ist die Sache etwas schwieriger. Ich werde nicht nur als dein Komplize angeprangert werden, man wird auch meine ganze Akte durchforsten, um zu beweisen, dass ich schon immer ein Maulwurf war.«

»Du wirst das schon schaffen«, antwortete Ayse jetzt ruhig. »Ich mag dich, was immer in deinen Akten steht.«

*

Ich schnitt im Garten in Ittenbach gerade Sträucher, als Andreas Basler anrief. Mir war klar, dass er nun auf seine ursprüngliche Absicht, mit mir zu reden, zurückkommen würde. Wieder hatte er es eilig. »Kann ich Sie noch heute Abend besuchen?« Diesmal antwortete ich: »Ja, nach dem Abendbrot.« Ich wollte meiner Frau nicht zusätzliche Arbeit machen und hoffte, Basler werde ohne Essen schneller zur Sache kommen.

Es war eine sternenklare Nacht. Basler hatte aber keinen Blick dafür. Er schien noch besorgter zu sein als bei seinem letzten Besuch. Wir setzten uns wieder in mein Arbeitszimmer. Basler trank nichts. Er erklärte mir vielmehr, neulich sei er wegen Gerüchten zu mir gekommen, die über ihn verbreitet würden. Während des Abends habe er dann aber beschlossen, mich nicht in seine Probleme hineinzuziehen. Nun habe sich die Lage dramatisch zugespitzt. Konzentriert berichtete Basler, was sich seit unserem Treffen ereignet hatte. Vom »Fall Köln« über den weiter zugespitzten grundsätzlichen Streit in der Abteilung bis hin zu den Unterstellungen, die gegen ihn und Ayse Güntürk in Umlauf gesetzt worden waren. Ich machte mir Notizen und schlug ihm vor, alles Punkt für Punkt durchzugehen.

Zum »Fall Köln« versuchte ich ihm klar zu machen, dass er zwar Recht behalten habe, sein Riecher richtig gewesen sei, sein Verhalten aber nicht. Die vor Ort zuständigen Kollegen wie dumme Jungen dastehen zu lassen, um als Einzelgänger in ein Haus zu spazieren, von dem man nicht wisse, was einen dort erwarte, sei nicht nur disziplinlos, sondern auch unprofessionell, ja leichtfertig gewesen. Zu einem Disziplinarverfahren werde der »Fall Köln« vermutlich nicht führen, sicher aber zu einem dienstlichen Rüffel. Ich riet ihm, sich in aller Form zu entschuldigen.

Die Grimasse, die Basler zog, zeigte mir, dass er das nicht schlucken wollte. Ordnung und Disziplin seien nötig, aber sie seien nicht alles. Das habe man doch aus der Nazi-Zeit gelernt. Wo sich Einsicht in das Notwendige mit moralischer Überzeugung verbinde, müsse man handeln, auch wenn man damit gegen dienstliche Vorschriften verstoße.

Ich schüttelte den Kopf: »Sie lernen offenbar grundsätzlich nichts dazu, Andreas. Ein richtiger Riecher ist keine höhere Einsicht. Notwendig war Ihr Alleingang schon gar nicht und die Moral habt Ihr Schwaben, Schiller in allen Ehren, auch nicht gepachtet.«

Er solle seinen Alleingang nicht zu einer Widerstandshandlung verklären.

Basler schwieg mürrisch. Ihm fehlte die harte Schule des gehobenen Dienstes, aus dem ich nach langen Jahren der Basisarbeit in den höheren Polizeidienst aufgestiegen war.

»Zweiter Punkt: Ayse Güntürk«, fuhr ich ungerührt fort. »Wenn ich mich recht erinnere«, – seine Tagebücher kannte ich damals ja noch nicht – »sind Sie während Ihres Polizeiaustauschs in der Türkei ein Liebespaar gewesen.«

Basler war erstaunt, dass ich das wusste. »Ja«, sagte er schließlich. »Heute sind wir gute Freunde.«

»Sie vertrauen ihr?«

»Ja. Sie ist absolut integer und geht in ihrer Arbeit auf. Die Vorwürfe gegen sie sind absurd. Sie ist eine Alevitin. Die werden von vielen Sunniten und Schiiten überhaupt nicht als Muslime angesehen. Sich selbst verstehen sie bestenfalls als türkischen Zweig des Islam neben den Sunniten als dem arabischen und den Schiiten als dem persischen Zweig. Von den Islamisten werden sie als Feinde betrachtet.«

»Sie haben sich mit ihr, seit sie in der Berliner Botschaft arbeitet, dienstlich regelmäßig ausgetauscht?«

»Ja. Kaum jemand hat in Bezug auf die türkische Minderheit in Deutschland so realistische Einschätzungen wie sie. Sie kennt halt ihre Landsleute und ist außerdem eine scharfsichtige Beobachterin.«

»Ihnen ist klar, dass die Frau Sie, sollten sich Ihre Einschätzungen als falsch erweisen, zu Fall bringen könnte?«

31

»Ja.«

Ich empfahl ihm, dem BKA gegenüber schriftlich dar-
zulegen, wie sich seine Beziehung zu Güntürk entwi-
ckelt habe. Ich würde Engler nahe legen, die Angelegenheit nach Rücksprache im Auswärtigen Amt mit dem
türkischen Botschafter zu besprechen. Basler nickte.

Damit kam ich zum männermordenden Kampf zwischen »Alarmisten« und »Weicheiern«, den ich nur für
komisch halten konnte. Zunächst solle Basler sich eingestehen, dass seine Neigung, alles grundsätzlich zu sehen, die bestehenden Meinungsverschiedenheiten in der
Abteilung zuspitze. Außerdem hielte ich von Schlag-
wörtern wie »Alarmismus« gar nichts. Das Wort sei so
unbestimmt, dass es alle möglichen Auslegungen und
Missverständnisse zulasse. Basler solle es nicht mehr benutzen. Er solle vielmehr schriftlich darlegen, welche
Einstellungen gegenüber der Bedrohung durch den islamistischen Terror es nach seiner Kenntnis in der türkischen Minderheit gebe. Darüber könne dann in der Abteilung eine nüchterne Diskussion geführt werden.

Basler räumte etwas kleinlaut ein, dass er das bisher
versäumt habe.

Ich kam zum vierten und schwerwiegendsten Punkt,
zum Vorwurf des Verrats. Er werde, wenn ich das recht
verstanden hätte, primär gegenüber Ayse Güntürk erhoben. Auf Basler könne er in zweierlei Variationen durch-
schlagen: Entweder sei er als Überzeugungstäter ein
Komplize oder aber als leichtfertiger, vielleicht liebes-
blinder Freund ein fahrlässiges Opfer dieser Frau gewor-

den. Dafür müsse aber natürlich erst einmal die Stichhaltigkeit der gegen Güntürk erhobenen Vorwürfe bewiesen werden. Basler nickte wieder.

Für ihn selbst, fuhr ich fort, seien die in diesem Zusammenhang durch den Kollegen Merkel erhobenen Anschuldigungen am gravierendsten, seine Glaubwürdigkeit und Zuverlässigkeit werde schon durch die in seiner Personalakte festgehaltenen Verfehlungen erschüttert. Zur Entkräftung dieser Vorwürfe solle daher auch er ein Disziplinarverfahren gegen sich beantragen. Damit käme er zugleich der möglichen Eröffnung eines solchen Verfahrens durch die Behörde zuvor.

Basler war nicht überzeugt. Er schüttelte den Kopf.

»Andreas«, sagte ich, »es ist besser, diese Vorwürfe ein für alle Mal aus der Welt zu schaffen, als die Gerüchteküche weiter brodeln zu lassen. In einem Disziplinarverfahren kommen dann auch Ihre Personalakte und die Akten früherer Disziplinarverfahren auf den Tisch.«

»Warum soll ich den ganzen Mist selbst noch einmal aufwühlen?«

»Voraussichtlich kommt er sowieso zur Sprache. Und darauf müssen Sie vorbereitet sein. Kennen Sie Ihre Personalakte?«

»Natürlich.«

»Wann haben Sie sie das letzte Mal eingesehen?«

»Als ich das letzte Mal in Schwierigkeiten war.«

»Dann sollten sie jetzt noch einmal Einsicht nehmen, um den neuesten Stand zu kennen.«

»Das sähe so aus, als ob ich ein schlechtes Gewissen oder zumindest Angst vor einem Verfahren hätte.«

»Die andere Möglichkeit wäre, dass ich mir Einsicht in Ihre Akten, die ich ja ohnehin kenne, geben lasse, um nicht nur Sie, sondern auch die Abteilung in dieser verfahrenen Situation zu beraten. Das müsste ich aber natürlich mit Engler besprechen.«

»Muss das wirklich alles sein?«

Ich versuchte, Basler klar zu machen, dass in einem Verfahren die Akten schon darum eine Rolle spielen würden, weil neue Verfehlungen in alten Sünden wurzeln könnten. Als sein früherer Vorgesetzter würde ich dann ohnehin angehört werden, zumal ich beim letzten Mal meine schützende Hand über ihn gehalten hätte. »Wir müssen die Akte zusammen durchgehen.«

Basler wehrte sich weiter. Vielleicht fühlte er sich von mir »verhört«. Ich musste mir auch eingestehen, dass ich ein eigenes Interesse daran hatte, seine Akten mit ihm einzusehen. Ich wollte Andreas Basler endlich wirklich verstehen. »Geben Sie sich einen Ruck«, versuchte ich ihn zu ermuntern.

Schließlich murmelte Basler: »Also gut, ich stimme zu. Aber ich tue es nicht gerne.«

Er brach spät in der Nacht auf, wie es schien nicht weniger bedrückt als er gekommen war. Ich war mir nicht sicher, ob es mir gelingen würde, ihm zu helfen.

*

Andreas Basler und Ayse Güntürk beantragten Disziplinarverfahren gegen sich. Für Frau Güntürk war das umso dringender geworden, als ihr Abteilungsleiter auf Aufforderung des Botschafters Berichte eines islamistischen Informanten über die Rolle, die Güntürk in der türkischen Minderheit spiele, und auch Fotos vorgelegt hatte, die sie angeblich belasteten. Auf mehreren Bildern war sie mit einem bekannten türkischen Unternehmer in Berlin zu sehen, der unter Verdacht stand, mit Extremisten zu paktieren. Gegen sie wie gegen Basler wurden Disziplinarverfahren eingeleitet. Trotz seines Widerwillens und obwohl er zu dieser Zeit von seiner Arbeit besonders stark in Anspruch genommen war, drängte Basler jetzt selbst darauf, seine Personalakte mit mir durchzugehen.

»Fangen wir also am Anfang an«, ermunterte ich ihn, als wir uns in Ittenbach wieder gegenüber saßen. »Ich habe mich, seitdem ich Sie in Ihrer Probezeit kennen gelernt habe, oftmals gefragt, warum Sie überhaupt zur Polizei gegangen sind, nachdem Sie Ihre Universitätsabschlüsse gemacht hatten.« Basler stutzte. Ich fuhr fort: »Ihr Verhältnis zur Außerparlamentarischen Opposition und Ihre Rolle dort haben schon bei Ihrer Einstellung kritische Fragen aufgeworfen. Aber Sie wurden dann doch genommen. Erzählen Sie mir etwas aus Ihrer APO-Zeit, auf die Sie in Vergleichen ja gerne zurückkommen.«

Basler begann zu erzählen und wurde dabei immer lebhafter. »Als ich 1968 aus dem noch ziemlich braven Stuttgart nach Berlin kam, schlugen die Wogen – nach der Erschießung von Benno Ohnesorg durch einen Polizisten und dem Attentat auf Rudi Dutschke – schon sehr hoch. Ich habe damals den Studentenprotest für richtig gehalten und zog bald in Kreuzberg in eine der allerersten Wohngemeinschaften. Eine Kommilitonin mit dem schönen *nom de guerre* ›Die Rote Friederike‹ hat mich in die freie Liebe und in die Grundlinien der großen Revolution eingeführt. Bis dahin hatte sie ihre revolutionäre Hingabe dem Radikalsten in der Wohngemeinschaft gewidmet. Nun wandte sie sich mir zu in der Überzeugung, mich aus dem bigotten Mief meines pastoralen Elternhauses befreien zu müssen. Ich wurde von ihr nicht nur auf den neuesten Stand der revolutionären Sexualpraktiken gebracht, sondern lernte auch Parolen wie ›Alle Macht den Räten‹ als revolutionär zu schätzen, Weltschmerz-Sentenzen wie ›Life is Xerox, you are just a copy‹ – diese prangte an der Fassade des gegenüberliegenden Hauses – aber als kleinbürgerlich-reaktionär zu verachten. Was mir als Schwabe natürlich nicht leicht fiel.« In dieser Erinnerung wurde Basler beinahe vergnügt und auch ich musste lächeln.

»Aber das hat Sie sicher nicht dazu bewogen, sich später bei der Polizei zu bewerben?«

»Nein«, antwortete Basler. »Das hat ein Erlebnis bewirkt, das für mich noch elementarer war als die ebenso freizügigen wie heftigen Leibes- und Liebesübungen der Roten Friederike.« Basler sprudelte jetzt nicht mehr, sondern begann, bedächtig zu sprechen, offensichtlich bemüht, nichts Falsches zu sagen.

»Da der Hauseigentümer in dem langsam vergammelnden Haus nicht einmal die notwendigsten Reparaturen vornehmen ließ, haben die dort beheimateten Wohngemeinschaften ihre Mietzahlungen eingestellt und das Haus für besetzt erklärt. ›Instandbesetzung‹ hieß das damals.« Nach endlosem Hin und Her, erst mit dem Hauseigentümer und dann auch mit den Ordnungsbehörden, hätten die aufgescheuchten Behörden angekündigt, das Haus von der Polizei räumen zu lassen. Er habe das nicht ernst genommen, da es so etwas bis dahin nicht gegeben hatte. Außerdem hätten sie sich im Recht gefühlt. Schließlich habe der Eigentümer das Haus nur deshalb vergammeln lassen, um bei noch bestehendem Wohnungsmangel die Mieter auf die Straße setzen, das Haus abreißen und das Grundstück für einen überhöhten Preis verscherbeln zu können. So genannte »kalte Sanierung«. Basler schaute mich an: »Und dann kam die Polizei doch.«

Ich unterbrach ihn nicht, da er so schön im Gange war. »Die Polizei räumte das Haus von unten nach oben«, fuhr er fort. »Unsere WG lag im vierten Stock. Wir hörten das Türen-Auftreten und das Geschrei in den unteren Etagen und versuchten, unsere Wohnungstür durch in aller Eile aufgestapelte Möbel zu sichern. Wir hörten die Polizisten die Treppe hochkeuchen. Sie brachen unsere Tür auf und versuchten, unsere Möbelbarrikade wegzuschieben. Als das nicht gelang, begannen sie, sie Stück für Stück abzuräumen. Wir beschimpften sie und bewarfen sie mit Tomaten, Äpfeln und Eiern –

behelmte, martialische Gestalten wie aus einem Science-Fiction-Film.

Die Rote Friederike machte die Polizisten an. ›Habt ihr nichts in der Hose? Nur Gummiknüppel? Und so was nennt sich Bullen! Ihr seid wohl noch nie zum Schuss gekommen und müsst es nun mit Gewalt versuchen?!‹ Die anderen Frauen stimmten ein und die jungen, zunächst etwas hilflos wirkenden Polizisten ließen sich provozieren. Als sich der erste von ihnen durch die verkeilten Möbelstücke durchgearbeitet hatte, entblößte die rote Friederike ihre sehenswerte Oberweite. Sie nutzte die Verblüffung des Polizisten dazu, ihn erst anzuspucken und ihm dann mit dem Knie in die Weichteile zu treten. Nun drehten die Ordnungshüter durch.

Während ein Teil von ihnen uns andere, Männlein wie Weiblein, mit ihren Gummiknüppeln bearbeiteten, wogegen wir uns mit Bierflaschen wehrten, nahm der von der Roten Friederike provozierte Polizist seinen Helm ab. Er griff sie sich und rief seinen Kollegen zu: ›Lasst uns die rote Hexe jetzt erst einmal durchficken!‹ Er griff nach ihren Brüsten, nahm die sich mit Klauen und Zähnen wehrende Friederike dann in den Schwitzkasten und schrie: ›Los, holt ihr die Hose runter und fickt ihr den Arsch.‹ Vielleicht wäre es dazu gekommen, wir anderen waren ausgeschaltet. Doch dann erschien ein älterer Polizist im Rahmen der aufgebrochenen Tür, offenbar der Chef des Räumungskommandos. Er blickte auf das Schlachtfeld und befahl: ›Schluss jetzt! Bringt die Leute runter, die anderen warten schon.‹

38

Die durchgeknallten Ordnungshüter schubsten oder
stießen uns die Treppe runter. In dem Chaos schaffte es
Friederike, sich aus dem Hausflur unbemerkt in den Keller abzusetzen. Als man uns auf der Straße in die grüne
Minna packte, um uns abzutransportieren, kam sie, ein
revolutionäres Siegeslächeln auf dem Gesicht, aus dem
Haus. Bald darauf schossen aus der Kellertür Flammen
heraus, die aufs Treppenhaus übergriffen. Man musste
die Feuerwehr rufen, um den Brand zu löschen.«

Da Basler eine Pause machte, warf ich ein: »Und dann
kam das juristische Nachspiel?«

»Ja«, antwortete Basler. »Den Mitgliedern unserer
WG wurde der Prozess gemacht. Wir wurden wegen Wi-
derstandes gegen die Staatsgewalt angeklagt, Friederike
zusätzlich wegen besonders schwerer Brandstiftung. Sie
hatte in dem mit Kisten und Kästen vollgestopften Keller
Benzin verteilt und angezündet. Ich erhielt eine geringe
Bewährungsstrafe, Friederike wurde zu Gefängnis verurteilt. Von dem Vorwurf der besonders schweren Brandstiftung wurde sie nicht zuletzt aufgrund meiner Aussage freigesprochen. Niemand von uns hatte gewusst,
dass sich noch zwei Polizisten im Hause befunden hatten.«

»Und dann?«

»Während des Prozesses zerstritten Friederike und ich
uns. Ich machte ihr zum Vorwurf, die APO-Regel ›Gewalt gegen Sachen ja, keine Gewalt gegen Personen‹ gebrochen zu haben. Sie überschüttete mich darauf mit
Schimpfworten und schrie: ›Wer hat denn mit der Gewalt

angefangen? Doch die Scheißbullen! Sie haben die Tür aufgebrochen, das Mobiliar zertrümmert und euch zusammengeschlagen. Mich hätten sie vergewaltigt, wenn ihr Chef nicht dazwischengekommen wäre. Vergiss deine Bedenken, Kleiner, auf der Agenda steht von jetzt an Gegengewalt!‹ Sie war nicht die erste, die so zu denken begann.

Ich wurde durch dieses Erlebnis dagegen in meiner grundsätzlichen Ablehnung von Gewalt bestärkt. Ich glaubte auch nicht, dass man Gewalt durch ›Gegengewalt‹ abschaffen kann. So drifteten wir immer weiter auseinander. Ich begann, es war höchste Zeit, mich auf mein Studium zu konzentrieren. 1975 legte ich schließlich sowohl mein Referendar-Examen als auch mein Diplom-Examen in Politischer Wissenschaft ab.«

Als Basler zum Schluss gekommen war, ging ich nicht, wie er vielleicht erwartet hatte, auf seine Bewerbung bei der Polizei ein, sondern nahm zunächst einmal das Thema Gewalt auf. Ob er die Anwendung von Gewalt immer noch grundsätzlich ablehne?

Basler schüttelte den Kopf. »Das war die Überzeugung meiner Jugendzeit: Christus hat nicht Gewalt gepredigt, sondern ist durch Gewalt, staatliche Gewalt, umgekommen. Inzwischen habe ich bitter genug gelernt, dass es wohl, so lange es Menschen gibt, auch Gewalt geben wird und dass der Staat daher zur Aufrechterhaltung von Recht und Ordnung unter bestimmten Voraussetzungen seinerseits Gewalt anwenden muss. Aber auch das muss als Ausnahme verstanden werden. Bei der Hausbesetzung lagen solche Voraussetzungen, jedenfalls in unserer Wohngemeinschaft, nicht vor.«

»Der Räumung war ein Rechtsbruch und den Gewaltexzessen waren drastische Provokationen vorausgegangen.«

»Das stand aber doch in keinem Verhältnis zueinander. Gewaltanwendung durch Teile der Protestbewegung, von Notwehr und Nothilfe abgesehen, habe ich stets verurteilt. Die Brandstiftungen von Baader und Ensslin 1968 in den Frankfurter Kaufhäusern habe ich für Irrsinn gehalten, ebenso später die Brand- und Sprengstoffanschläge. Mit den gewaltbereiten Gruppen, die sich aus der APO herauslösten, hatte ich nie etwas im Sinn. Sie drehten ja mit an der Gewaltspirale. Der mit dem ideologischen Versatzstück ›Stadtguerilla‹ verbrämte Terror der so genannten Roten Armee Fraktion endete im nackten Morden.«

»Mit dieser grundsätzlichen Einstellung haben Sie sich nach Ihren Examen beim BKA beworben?«

Basler druckste etwas herum, bejahte meine Frage aber dann. »Ich war der Überzeugung, dass man, um eine Spirale von Gewalt und Gegengewalt zu verhindern, polizeiliche Willkür und Exzesse, wie sie in der Auseinandersetzung mit der APO gang und gäbe waren, verhindern muss. Dazu wollte ich im Polizeiapparat beitragen. Der Entschluss ist mir nicht leicht gefallen. Mein Elternhaus hieß ihn nicht gut und meine Freunde haben ihn empört verworfen. Meine Eltern meinten, ich müsste etwas ›Höheres‹ anstreben. Meine Geschwister und meine Freunde sahen in meiner Bewerbung einen Verrat.«

»Noch eine Frage«, sagte ich. »Während Ihrer zeitweiligen Abordnung zur Berliner Polizei 1981 wurde Ihnen vorgeworfen, Sie hätten polizeiliche Einsatzpläne gegen Hausbesetzer an diese verraten. Wie kam es dazu?«

»Ich fand den Plan der von der allgemeinen Hysterie angesteckten Berliner Polizeiführung, in deren Stab ich saß, schlicht idiotisch und habe das auch gesagt.«

»Haben Sie die ›schlicht idiotischen‹ Einsatzpläne den Hausbesetzern heimlich zugeschoben?«

»Nein. Ich kannte die gar nicht. Meine kritischen Äußerungen über den Plan und damit der Plan selbst kamen in die Presse – nicht durch mich!«

Ich schlug Basler vor, es fürs Erste genug sein zu lassen. »Aus dem, was wir bis jetzt durchgegangen sind, kann man Ihnen heute keinen Strick drehen. Der ›Kölner Fall‹ bleibt aufzuarbeiten. Und hinsichtlich der Verratsvorwürfe müssen wir zunächst abwarten, wie das Verfahren gegen Frau Güntürk ausgeht. Bis dahin können wir Ihre Akten zu Ende sichten, vor allem auch das Material der letzten Bredouille, in die Sie in der Meckenheimer Abteilung gekommen sind.« Basler war einverstanden.

*

Ich hatte Basler fortgeschickt, um mir unser Gespräch bei einem Glas Wein noch einmal durch den Kopf gehen zu lassen. Baslers Antworten erschienen mir insgesamt glaubhaft. Andererseits hatte ich streckenweise den Eindruck gewonnen, dass er nur auf die Vorhaltungen aus seiner Personalakte, die er offensichtlich genau kannte, eingegangen war, mir aber nicht erzählen wollte, was wirklich passiert war. Er hatte sich an den alten bürokratischen Grundsatz gehalten »Quod non est in actu non est in mundo – was die Akte nicht weiß, …«. Seine Beweggründe für die Bewerbung bei der Polizei überzeugten mich nicht ganz.

Es war eher unwahrscheinlich, dass er nach den prägenden Jahren mit der Roten Friederike seine Einstellung zur Polizei schlagartig geändert haben sollte. Im Prozess hatte er zu Gunsten seiner Geliebten ausgesagt, die Trennung der beiden erfolgte erst später, die sexuellen Bande waren offensichtlich stark gewesen. Erst als Friederike seine Bewerbung als »scheißreaktionär« verdammt hatte, brach er mit ihr.

Die APO-Erlebnisse seiner Jugend spielten für Basler noch heute eine große Rolle. Das zeigten schon seine – wie ich fand – sehr bemühten Vergleiche zur heutigen Zeit, auch zum heutigen Terrorismus. Ich dagegen, fünfzehn Jahre älter, hatte das ganze Revolutions-Theater der APO zwar teils für amüsant, insgesamt aber für richtungslos gehalten – und die »Stadtguerilla«-Protzerei der RAF für verrückt. In meinen Augen hatte damals die britische Beobachterin den Nagel auf den Kopf getroffen, die diese Jugend-Gang aus überwiegend bürgerlichen und protestantischen Elternhäusern mit ihrem gesamtgesellschaftlich gesehen überproportionalen Frauenanteil als den »lunatic fringe of the non-working class – den geisteskranken Rand der nichtarbeitenden Klasse« bezeichnet hatte.

Baslers Ablehnung des gewaltsamen Kampfes der RAF und die Schilderung seiner späteren Entwicklung bezweifelte ich nicht. Die Verbrechen der Roten Armee Fraktion und die Terroranschläge ausländischer Kommandos – von der Münchner Olympiade 1972 bis zu den Anschlägen auf die Maison de France 1983 und die Disco »La Belle« 1986 in Berlin – hatten seine Einstellung zur Polizei offensichtlich verändert. Seine Ausbildung und Erfahrungen im BKA hatten in die gleiche Richtung gewirkt. Aber eben erst später. Zum Zeitpunkt seiner Bewerbung beim BKA dürfte seine Einstellung noch von seiner APO-Erfahrung geprägt gewesen sein. Insoweit hatte er mir – so glaubte ich damals – wohl nur die halbe Wahrheit erzählt.

Erst zwei Jahre später, nach Baslers Tod, musste ich bei der Lektüre seiner Tagebücher feststellen, dass er mich in diesem Punkt in die Irre geführt hatte. Das Vorgehen der Polizei bei der Räumung seiner Wohngemeinschaft und der anschließende Prozess ließen ihn zu einem Gegner der Polizei werden. Von simpler »Gegengewalt« hatte er in der Tat nichts gehalten. Zur Zeit seiner Bewerbung beim BKA lag er aber noch ganz auf APO-Linie. In seinem Tagebuch las sich das so: »Der lange Marsch durch die Institutionen ist unsere Aufgabe. Wer nicht unter Gummiknüppeln leben will, muss den Polizeistaat unterwandern.«

Dieses Motiv seiner Bewerbung für den Polizeidienst erklärte vielleicht auch, warum er sich nach seinen Erlebnissen bei der Hausräumung nicht bei der Landespolizei, sondern beim Bundeskriminalamt beworben hatte. Er hatte nicht zu Unrecht gehofft, dort größeren Einfluss gewinnen zu können. Und sicher wollte er auch die Chancen nutzen, die seine akademischen Examen ihm boten.

Sein ursprünglicher Beweggrund für eine BKA-Bewerbung schien mir in seinen disziplinlosen Alleingängen durchzuschlagen. Er wollte jeweils selbst entscheiden, wann die Anwendung polizeilicher Gewalt zulässig sei: Immer dann, wenn *er* es für unvermeidlich oder jedenfalls für gerechtfertigt hielt.

Doch diese Erkenntnis gewann ich, wie gesagt, erst nach seinem Tode. Als sich Basler zwei Jahre zuvor auf sein Disziplinarverfahren vorbereitete, hatte ich sie noch nicht. Rückblickend betrachtet war Basler mit seiner Bewerbung für einen Beruf, den er im Grunde ablehnte, das Risiko eingegangen, völlig zu scheitern.

*

Das Disziplinarverfahren gegen Basler verlor durch zwei Ereignisse seine Brisanz. Zunächst wurde auf Anweisung aus Ankara die Untersuchung gegen Ayse Güntürk eingestellt und ihr Abteilungsleiter aus Berlin abberufen. Dass die Entscheidung in Ankara getroffen wurde, unterstrich für mich wie für Basler, in welch hohem Ansehen Güntürk in der Zentrale stand. Mit der Einstellung des

Verfahrens gegen sie brach auch der Vorwurf gegen Basler zusammen, ihr Komplize gewesen zu sein.

Übrig blieben die Vorwürfe wegen Baslers Vorgehen im »Kölner Fall«. Basler schlug mir gegenüber vor, seine Personalakte wieder zu schließen. Ich lehnte das ab. Gerade wegen dieses Falles müssten wir den ersten Disziplinarvorgang während seiner Zugehörigkeit zur Anti-Terror-Abteilung sorgfältig miteinander durchgehen.

Das Disziplinarverfahren gegen Basler trat jedoch im Bundeskriminalamt weiter in den Hintergrund, als am 11. März 2004, drei Tage vor den spanischen Parlamentswahlen, Sprengstoffanschläge auf Züge des Berufsverkehrs das morgendliche Madrid erschütterten. Die Zahl der Opfer: etwa zweihundert Tote und eintausendfünfhundert Verletzte.

Als es für die Geheimdienste Europas und Amerikas keine Zweifel mehr daran gab, dass El Kaida hinter den Anschlägen steckte, versuchte die konservative spanische Regierung noch den Eindruck zu erwecken, es habe sich um Anschläge der baskischen ETA gehandelt. Von dieser Version erhoffte sie sich Aufwind für ihre zuletzt nicht mehr ganz so rosigen Wahlaussichten, während sie umgekehrt befürchtete, das Eingeständnis eines El-Kaida-Anschlags werde das Gegenteil bewirken. Der Versuch zu tricksen, statt die Fakten offen zu legen – die immer eindeutiger für einen Terroranschlag marokkanischer Islamisten sprachen – kostete die Regierung den Wahlsieg.

In der Anti-Terror-Abteilung des BKA war man erstaunt, wie schnell die spanischen Kollegen die teils in

Spanien, teils in Marokko wohnenden Täter ermittelten. Sie waren 2003 bereits für Terroranschläge in Casablanca mitverantwortlich gemacht worden. Dass der spanischen Polizei die Vorbereitung des Terrorakts entgangen war, erklärten sich die Verantwortlichen damit, dass die Attentäter sich »zu Hause«, in Cafés oder Gemüseläden, abgestimmt hatten und daher von der Überwachung der elektronischen Kommunikation nicht erfasst worden waren.

Die zeitlich präzise koordinierten Angriffe auf die vier Züge waren mit Hilfe von El Kaida geplant und ausgeführt worden. Den Sprengstoff für die Anschläge, über hundert Kilogramm, hatte sich die Gruppe in Spanien beschafft. Als Zünder für ihre in den Zügen platzierten Sprengstoff-Rucksäcke hatten sie Mobiltelefone benutzt. Mit denen konnten sie die Anschläge zeitlich abstimmen, andererseits aber nicht Verspätungen der Züge berücksichtigen. Teilweise explodierten die Bomben, bevor die nicht ganz pünktlichen Züge die Bahnhöfe erreicht hatten. Andernfalls wären vermutlich nicht Hunderte, sondern Tausende von Berufstätigen und Schülern getötet worden. Selbstmordattentäter hätten sich und die Züge erst in den Bahnhöfen in die Luft gesprengt.

Das war ein neuer Aspekt im islamistischen Terrorismus: »Europäisierte« Islamisten, die ihr eigenes Leben nicht für das versprochene Paradies mit seinen Jungfrauen opfern wollten. Wenig später entzogen sich Anführer des Kommandos allerdings ihrer Festnahme dadurch, dass sie sich selbst in die Luft sprengten.

Andreas Basler und seine Kollegen sahen sich durch die Einzelheiten der Madrider Anschläge in der Überzeugung bestärkt, dass die El Kaida ein Netzwerk selbstständig operierender Terrorgruppen sei, alle vereint durch das von Osama Bin Laden propagierte Feindbild des Westens. A und O der polizeilichen Bekämpfung des islamistischen Terrorismus bleibe die genaue Aufklärung, Überwachung und Zerschlagung einzelner, teilweise sehr unterschiedlicher Zellen, Gruppen und Kommandos. Dafür müssten die Sicherheitsdienste des Westens dem Netzwerk der El Kaida ein eigenes über- und internationales Informations- und Kooperationsnetzwerk entgegensetzen.

Ferner sahen sich die BKA-Leute darin bestätigt, dass Ziele des Terrors nicht unbedingt eine symbolische Bedeutung haben müssten, wie sie etwa das New Yorker World Trade Center, das Pentagon oder das Capitol gehabt hatten, oder aber auch Botschaften und Kriegsschiffe, Synagogen und Kirchen, Banken und Discos. Hauptziel des Terrors war, Schrecken zu verbreiten. Massenmorde, für deren Öffentlichkeitswirksamkeit schon die Medien sorgten, waren dafür besonders geeignet.

Mit den Anschlägen in Madrid hatte der Terror des El Kaida-Netzwerks Europa erreicht, etwas mehr als zehn Jahre, nachdem 1993 der erste Anschlag auf das World Trade Center in den Vereinigten Staaten erfolgt war. 1998 dann die Anschläge auf die amerikanischen Botschaften in Daressalam und Nairobi. 2000 der Anschlag auf den US-Zerstörer »Cole« im Hafen von Aden. Am 11. September 2001 schließlich der große Angriff auf das World Trade Center in New York und auf das Pentagon und das Capitol in Washington. Mit der »Kriegserklärung« Präsident Bushs gegen den internationalen Terror verzahnten sich äußere und innere Sicherheit endgültig. Dem Afghanistan-Krieg folgte der unglückselige Irak-Krieg. 2002 Anschläge in Djerba, Mombasa und auf Bali, 2003 in Riad, Djakarta, Casablanca und Istanbul. Und nun, 2004, Madrid, Europa.

*

In dieser angespannten Lage signalisierte das Bundeskriminalamt Interesse, das Disziplinarverfahren gegen Basler schnell zum Abschluss zu bringen. Vor seiner Anhörung zum »Kölner Fall« ging ich mit ihm den Rest seiner Personalakte durch, vor allen Dingen seinen ersten Auftrag in der Anti-Terror-Abteilung.

Als ich Basler in meine Abteilung geholt hatte, war der internationale Terrorismus längst zu einer weltweiten Gefahr geworden. Das hatten schon in den siebziger Jahren der Anschlag auf die OPEC in Wien und mehrere Flugzeugentführungen gezeigt, von denen die Entführung der »Landshut« nach Mogadischu noch mit dem RAF-Terror in Zusammenhang stand.

Im Kampf gegen Terrorismus zeichnete sich Basler immer wieder aus. 1994 erhielt er für seinen Beitrag zur Aufklärung des Anschlags auf das Restaurant »Mykonos« in Berlin eine Belobigung. Aber schon ein Jahr später kam er wieder in Schwierigkeiten. Bei einem Einsatz gegen eine verdächtige Gruppe von Iranern verweigerte er seine Mitwirkung. Ein für seine Abteilung, ja das ganze BKA unglaublicher Vorgang.

Auf diesen Fall sprach ich ihn jetzt, beim gemeinsamen Blick in die Akten an: »Das wegen dieses Vorfalls gegen Sie eingeleitete Disziplinarverfahren endete mit einer dienstlichen Missbilligung. Ich füge hinzu: *nur* mit einer dienstlichen Missbilligung. Wie urteilen Sie heute darüber?«

»Nicht anders als damals«, antwortete Basler ohne Zögern. »Die dienstliche Missbilligung ist zu Unrecht erfolgt. Ich war durch meine Arbeit im ›Mykonos‹-Fall mit der iranischen Szene in Deutschland vertraut. Und ich war mir sicher, dass hinter dem Anschlag nicht die ins Visier der Fahndung geratene iranische Gruppe, sondern ein im Wesentlichen aus Libanesen bestehendes Kommando des iranischen Geheimdienstes steckte. So hat später auch das Berliner Kammergericht geurteilt. Aber der Einsatzleitung war das offenbar scheißegal.«

»Und da haben Sie einmal mehr Ihre Meinung oder meinetwegen auch Überzeugung an die Stelle der Einschätzung der Einsatzleitung gesetzt?«

»Sie kennen ja meine Einstellung zur Anwendung von Gewalt im Allgemeinen und zur Anwendung staatlicher Gewalt im Besonderen. Was den islamistischen Terror angeht, dürfen wir außerdem nie vergessen, dass wir uns in einer weltweiten, stark religiös gefärbten politischen Auseinandersetzung befinden.«

»Es war der Pfarrerssohn in Ihnen, der den Gehorsam verweigerte?«

Basler dachte nach. »So sehe ich das nicht. Der Kirche meines Vaters bin ich ziemlich entfremdet. Vor der Religion, oder richtiger: den Religionen, oder noch richtiger: vor der Frage nach Gott habe ich aber große Ehrfurcht. Und das hat sicher mit meinem Elternhaus zu tun.«

»Und was folgern Sie daraus für die Bekämpfung des islamistischen Terrorismus?«

»Das wissen Sie doch: Wir müssen versuchen, die Terroristen zu isolieren, die Reformkräfte aber durch einen respektvollen und hilfsbereiten Umgang zu stärken, statt sie vorbeugend unter Druck zu setzen.«

»Andreas, die Ansicht teile ich. Die Ausübung unseres Dienstes setzt aber Disziplin voraus. Wenn wir die aufgeben, hat die Sicherheit keine Zukunft mehr und die Zukunft keine Sicherheit.«

»Das haben Sie mir schon oft gesagt. Ich bleibe dabei: Gerade gegenüber Andersgläubigen muss staatliche Gewalt die Ausnahme bleiben.«

»Andreas! Es ging hier nicht um die Würde des Islam. Es ging um die Frage des richtigen Vorgehens gegen eine mögliche Terrorgruppe. Bleiben Sie bei all Ihrer Vertiefung in grundsätzliche Fragen bitte auf dem Teppich. Islamistische Terroristen sind keine Freiheitskämpfer. Und Massenmörder sind keine Märtyrer. Martyrium heißt, wegen seines Glaubens oder seiner Grundüberzeugungen Verfolgung oder Tod zu erleiden, nicht aber, sich selbst umzubringen, um möglichst viele andere Menschen zu ermorden. Dafür kann sich auch niemand auf den Koran berufen.«

»Das stimmt. Aber die Iraner waren erkennbar keine Terrorgruppe. Eine martialische Aktion gegen sie hätte den wirklichen Terroristen in die Hände gearbeitet.«

»So urteilten Sie. Aber das gab Ihnen nicht das Recht, den Einsatz zu verweigern.«

Basler überlegte und entgegnete mir: »Wenn Sie das so sehen, warum haben Sie sich damals für mich eingesetzt?«

»Gute Frage. Eigentlich hätten wir Sie rausschmeißen müssen. Ich fürchte, ich war voreingenommen. Schließlich haben Sie mir das Leben gerettet.«

»Die Antwort überzeugt mich nicht. Zumal sich so eine ›Rettungstat‹ ja meist aus der Situation heraus ergibt, wie ›heldenhaft‹ sie hinterher auch immer dargestellt wird.«

»Machen Sie sich nicht kleiner, als Sie sind. Natürlich gab es für das Amt auch noch andere Gründe, Sie zu halten. Sie hatten in der Sache einmal mehr Recht gehabt und das BKA wollte Sie nicht verlieren. Darum kamen Sie mit einer dienstlichen Missbilligung davon, die Ihre weiteren Beförderungschancen allerdings erheblich gemindert hat. Und durch den ›Kölner Fall‹ sind Ihre Aussichten, Leitender Kriminaldirektor zu werden, sicher nicht größer geworden.«

»Das sehe ich genauso. Aber aus der alten Sache kann man mir keinen neuen Strick drehen!«

»Nein, kann man nicht. Aber nehmen Sie sich zusammen. Das nächste Mal fliegen sie raus.«

Basler schwieg. Ich lud ihn ein, mit mir einen Spaziergang zur Löwenburg zu machen. Er lehnte ab, er müsse noch ins Büro. Er hatte wohl genug von mir.

Bald darauf wurde das Disziplinarverfahren gegen Basler eingestellt. Er wurde zurechtgewiesen und musste sich bei den örtlichen Instanzen in Köln, beim Landeskriminalamt in Düsseldorf und in seiner Meckenheimer Abteilung entschuldigen. Sein Kollege Merkel wurde wegen Unkollegialität gerügt und musste bei Basler Abbitte leisten.

Ich riet meinem Nachfolger im Amt, Basler für einige Zeit ins Ausland zu schicken. Vielleicht gebe es irgendeinen Sonderlehrgang, den er noch nicht absolviert habe. Engler sah sich dazu nicht in der Lage. »Ich brauche ihn einfach.« In der nächsten Woche werde er ihn aber nach Lissabon schicken. Von dort erhalte das Amt vermutlich vom Terroranschlag in Madrid genährte, aber wenig präzise Meldungen über eine angebliche terroristische Bedrohung der Endrunde der Fußball-Europameisterschaft im Juni und Juli in Portugal. Dem müsse das Amt schon im Hinblick auf die Fußball-Weltmeisterschaft 2006 in Deutschland sorgfältig nachgehen. Die griechischen Sicherheitsdienste, die Olympischen Spiele im Herbst vor Augen, verstärkten ihre Anstrengungen für den Schutz der Spiele bereits erheblich.

*

Das wieder intensiver werdende Verhältnis von Andreas Basler und Ayse Güntürk zu schildern, bereitet mir Schwierigkeiten. Basler hatte seiner Liebe und der neuen Entwicklung der Beziehung zu Ayse in seinem Tagebuch viel Raum eingeräumt. Mir war das teilweise zu indiskret. Ich bat meine Frau um Rat und las ihr einige der einschlägigen Eintragungen vor. Sie sprach von »Kitsch«. Ich beschloss daraufhin, mich zwar in Baslers Liebesleben hineinzufühlen, in meiner Schilderung weiterhin aber eine gewisse kriminalistische Kühle walten lassen.

Andreas und Ayse beschlossen, den Abschluss der Disziplinarverfahren gemeinsam zu feiern. »Wenn du einkaufst, was ich dir durchsage, mache ich für uns am Samstag in deiner Kölner Wohnung einen Hirtensalat und Börek mit Hammelfleisch«, versprach Ayse ihm am Telefon. Basler stutzte. Bislang hatte Ayse bei ihren Treffen in Köln in einem Hotel gewohnt und sich zum Essen in sein Lieblingslokal ausführen lassen. Er stimmte ihrem Vorschlag daher begeistert zu. Er freute sich auf ein türkisches rustikales Essen, vor allem aber auf Ayses Besuch in seiner Wohnung. Dann machte er ihr noch einen Vorschlag: Am Sonntagabend würde er sie gerne zusammen mit einem befreundeten Kollegen und dessen Frau zum Essen einladen. Damit war ich gemeint: Ich hätte ihm schon in vielen Schwierigkeiten, auch in den gerade hinter ihm liegenden, mit Rat und Tat geholfen.

»Einverstanden«, sagte Ayse. »Wo gehen wir hin?«

»Irgendwohin zwischen Köln und Ittenbach, vielleicht ins ›Caesareo‹ in Bad Honnef.«

»Klingt gut.«

Basler holte Ayse vom Flugplatz Köln/Bonn ab und fuhr mit ihr in seine Wohnung in Köln-Sülz. Dort küssten sie sich mehr als freundschaftlich.

Danach sah sich Ayse in seiner Junggesellenwohnung um: Nix Cultura, dachte sie, sagte aber nichts. Sie berichtete ihm zunächst über den Gang und den Abschluss ihres Verfahrens.

»Du stehst in Ankara offenbar hoch im Kurs«, kommentierte Basler in der Hoffnung, sie würde ihm mehr erzählen.

Sie lachte. »Ich hoffe, dass ich nach meinem heutigen Besuch bei *dir* in noch höherem Kurs stehen werde.«

Während der Zubereitung des Essens, Ayse war eine hervorragende Köchin, und beim Essen selbst ging es so zwei Stunden lang weiter. Nach einigen Gläsern Wein, sie saßen inzwischen auf seinem alten Sofa, nahm Basler sie in die Arme. »Es ist schön, dich hier zu haben!«

Sie kuschelte sich an ihn und schaute ihm in die Augen. Den Blick kannte er nur zu gut. »Es wäre noch schöner, dich öfter zu sehen.«

Basler hielt ihrem Blick stand. »Du willst mich doch nicht auf unsere alten Tage noch zum Heiraten bringen?«

Sie antwortete ernst: »Keine Angst, mein Einzelgänger. Heiraten wollte ich dich vor vierundzwanzig Jahren, als wir jung waren. Aber damals hast du mir das mit ebenso fadenscheinigen wie deutschen Begründungen ausgeredet.«

»Aber ich bitte dich, du hast doch zugestimmt.«

»Was blieb mir übrig? Da war ja was dran an deinen Bedenken. Aber jetzt hält man uns sowieso für ein Paar und ich will dich nicht zum Standesamt schleppen. Es wäre einfach gut, dich immer an meiner Seite zu wissen.«

»Dann schlage ich jetzt das Bett auf«, versuchte Basler seine Verlegenheit zu überspielen.

»Denkst du immer noch nur an das Eine? Du enttäuschst mich!«

»Nicht nur, aber auch.« Er küsste sie wieder und sie wurde in der Erwiderung seiner Küsse stürmischer.

Sie küsste schon immer fantastisch. Er hatte es nicht vergessen.

»Warum wolltest du mich damals nicht heiraten? Sag mir die Wahrheit!«

Basler zögerte, brachte dann aber stotternd hervor: »Das lag an dem Elementarerlebnis meiner ersten, sexuell verrückten Beziehung mit einer in jeder Hinsicht revolutionären *femme fatale*. Danach habe ich mich immer vor der Dominanz einer Frau gefürchtet.«

Ayse lachte. »Du Armer! Meine Dominanz brauchst du nicht zu fürchten.«

Basler sah ihr in die Augen. »Willst du mich mit diesen Worten auf deine Vormundschaft vorbereiten?«

»Frauen sind ihrer Natur nach mehrdeutig«, lachte sie. »Das musst du schon aushalten. Aber ich verspreche dir, Ordnung und Stetigkeit in dein Leben zu bringen, trotz der Entfernung zwischen Berlin und Köln. In meiner wie in deiner Wohnung ist genug Platz für uns beide, jedenfalls tage- und nächteweise.«

Stetigkeit. Da hatte Ayse Recht. Seit seiner Trennung von Ayse vor über zwanzig Jahren hatte er ein sehr wechselhaftes Liebesleben gehabt. Dabei waren seine Partnerinnen immer jünger und die Freundschaften mit ihnen immer kürzer geworden. Wie Ayse sich wohl beholfen hatte? Er fragte einfach. »Wie war es denn mit deiner ›Unstetigkeit‹?«

»Bei Weitem nicht so schlimm wie dem Hörensagen nach bei dir. Einmal hatte ich ein Verhältnis, das mir etwas bedeutete. Bis ich herausfand, dass dieser attraktive Mann ein unheilbarer Macho war.«

»Der prächtige von den Fotos?«

»Genau der.«

»Ja«, seufzte Basler, »die Konkurrenz ist groß.«

Ayse lachte und küsste ihn leidenschaftlich. »Also, gib dir Mühe!«

Dann schliefen sie endlich wieder miteinander, es war so schön, dass Basler beschloss, mit Ayse stetig zu werden.

Am Samstag trafen sich die beiden mit mir und meiner Frau im »Caesareo«. Sie gaben sich keine Mühe, ihr neues Glück zu verbergen. Ich freute mich für Basler. Als wir in der Nacht über das Siebengebirge nach Ittenbach zurückfuhren, sagte ich zu Inge: »Der gute Andreas scheint seine Angst vor starken Frauen verloren zu haben.«

Sie antwortete nachdenklich: »Na, hoffentlich geht das gut! Seine Ayse ist nämlich nicht nur eine sehr attraktive, sondern auch eine sehr, sehr starke Frau.« Ich traf

Ayse danach noch zweimal und fand das Urteil meiner
Frau bestätigt.

*

Im BKA bereitete sich Basler auf seinen Besuch in Lissabon vor. Bis zu den Anschlägen in Madrid hatte die Verantwortlichen für die Endrunde der Fußball-Europameisterschaft in Portugal die Sorge umgetrieben, das
zwischen dem 12. Juni und 4. Juli stattfindende Fußball-
fest könnte durch Ausschreitungen britischer Hooligans
gestört werden. Nach dem 11. März hatte dann die Furcht
vor Terroranschlägen die Organisatoren, die Regierung
und die Sicherheitsorgane in Alarmstimmung versetzt.
Schon am 12. März hatte die portugiesische Presse begonnen, über angebliche Mängel im Sicherheitssystem
für die Europameisterschaft zu berichten. Am folgenden
Tag hatte die Wochenzeitschrift *Expresso* getitelt »Portugal in Alarmbereitschaft« und meldete, der portugiesische Luftraum werde jetzt von F-16-Kampfjets über-
wacht. Aufmerksame Zeitungsleser erinnerte das an den
Wunsch der griechischen Regierung, die NATO möge
zum Schutz der Olympischen Spiele im Herbst in Athen
AWACS-Aufklärungsflugzeuge zur Verfügung stellen.
In Verlautbarungen der Politik, den vorbeugenden Maßnahmen der Polizei und in der öffentlichen Meinung
spiegelte sich große Nervosität wider. Am 14. März lautete die Schlagzeile des *Diario de Noticias*: »Sicherheit ist
die wichtigste Frage«.

Das Lagebild der portugiesischen Sicherheitsdienste war zur Enttäuschung Baslers nicht wesentlich konkreter als das in der Öffentlichkeit kolportierte. Es gab Überlegungen, ob ein Terrorangriff auf Fußballstadien wahrscheinlich sei und welche Folgen er haben könne, Berichte über überwachte Gruppen und zusätzlich ergriffene Sicherheitsmaßnahmen – aber nichts, was konkret auf die Gefahr eines Terrorangriffs hindeutete. Auch die Geheimdienste befreundeter Nationen wussten nicht mehr. Selbst die Spanier hatten keine Erkenntnisse über Verbindungen der Terroristen nach Portugal. Ihre Aufmerksamkeit war allerdings auch noch völlig von den Madrider Anschlägen in Anspruch genommen.

Für Basler hatten die portugiesischen Kollegen in Lissabon in einer Parallelstraße der großen Avenida Libertade ein Zimmer im Hotel »Britannia« reserviert. Basler bedauerte, seine ersten Tage in Lissabon wohl überwiegend in Büros verbringen zu müssen und freute sich daher umso mehr auf das Osterwochenende, an dem Ayse kommen wollte, um mit ihm Lissabon privat zu erkunden.

Zum Erstaunen Baslers fuhren seine portugiesischen Kollegen mit ihm kurz darauf nicht zur Polizeizentrale, sondern ins Innenministerium. Dort nahm der Vize der Sicherheitsabteilung an der Sitzung teil, überließ die Gesprächsführung aber dem zuständigen Abteilungsleiter der Kriminalpolizei, Filippo Ferreira.

Der berichtete trocken, an dem Lagebild habe sich nichts geändert. Es gebe weiterhin keine Hinweise auf eine akute Gefahr, dennoch bestehe Alarmstufe I. Die Anti-Terror-Einheiten überwachten nicht nur den Grenzverkehr sowie die Telefon- und Internetkommunikation in einer bisher nicht praktizierten Dichte. Sie hätten unter Ausschöpfung ihres gesamten Personal- und Informantenpotentials auch die lokale Überwachung als unzuverlässig angesehener Gruppen, vor allem kleiner islamistischer Vereinigungen, verstärkt.

Basler stellte einige Fragen, die beantwortet wurden, ohne dass die Antworten weiterführten. Ferreira schlug vor – da ihr Besucher ja ohnehin die Fußball-Weltmeisterschaft in zwei Jahren in Deutschland im Auge haben dürfte – sich über allgemeine Fragen zu Terroranschlägen auf Sportstadien auszutauschen. Er war sich mit Basler schnell einig, dass ein mit Zehntausenden Menschen gefülltes Stadion für Terroristen durchaus ein lohnendes Anschlagsziel sein könne, zumal die halbe Welt via Fernsehen zuschauen werde.

In der Endrunde der Europameisterschaft, so Ferreira, seien Spiele in acht Städten und zehn Stadien vorgesehen. Die portugiesischen Sicherheitsbehörden schlössen aus, dass alle zehn Stadien angegriffen werden könnten. Dennoch müssten sie für alle Stadien und Städte vorbeugende Maßnahmen treffen. Terroristen würden sich wohl auf ein Stadion und auf ein Spiel konzentrieren, vermutlich auf das Estádio da Luz in Lissabon und auf ein Spiel der spanischen oder der englischen Mannschaft. Näher lägen vielleicht noch das Endspiel und die Schlussfeier, die ebenfalls im Estádio da Luz stattfinden sollten.

Einen Gasanschlag oder einen Anschlag mit anderen chemischen Kampfstoffen könne man wohl eher ausschließen, da sie in offenen Stadien nicht ihre volle Wirkung entfalten würden. Ob das auch für alle biologischen Kampfstoffe gelte, werde derzeit noch geprüft. Am wahrscheinlichsten wäre wohl ein Sprengstoffanschlag. Der würde der bisherigen terroristischen Praxis entsprechen, wenn man von dem Gasangriff der Aum-Sekte in der U-Bahn in Tokio absehe. Die Madrider Anschläge hätten gezeigt, wie leicht große Mengen von Sprengstoff zu beschaffen seien. Um ein über 65 000 Zuschauer fassendes Stadion wie das Estádio da Luz auch nur in Teilen in die Luft zu sprengen, müsste man allerdings eine Menge Sprengstoff in die Arena bringen, weit mehr, als in den Madrider Anschlägen eingesetzt worden sei. Das würde Terroristen vor erhebliche logistische Probleme stellen.

»Nicht, wenn sie Flugzeuge als Transportmittel oder, wie in New York, als fliegende Bomben benutzen«, warf Basler ein.

»Davor hoffen wir uns inzwischen schützen zu können. Vielleicht werden wir zusätzlich – wie die Griechen für die Olympiade – die NATO um den Einsatz von AWACS-Aufklärungsmaschinen bitten.«

»Das gefährlichste wären wohl Gefechtsfeldraketen, die schwere Lasten tragen können«, sinnierte Basler. »Die könnten sich die Terroristen in einer ganzen Reihe von Ländern beschaffen.«

Basler gab vor, all dies sei neu für ihn. Er und seine Kollegen in Deutschland müssten das alles erst einmal selbst durchdenken. Sollten sie dabei auf neue Aspekte stoßen, würden sie sich sofort melden.

Basler verließ die Sitzung enttäuscht. Neue Erkenntnisse? Fehlanzeige. Da er nun einmal hier war, beschloss er, Kontakt zu einem portugiesischen Kollegen zu suchen, der vor drei Jahren mit ihm in den Vereinigten Staaten bei einem Fortbildungslehrgang gewesen, inzwischen aber zum portugiesischen Geheimdienst übergewechselt war – soviel wusste Basler.

Wieder im Hotel wählte er am Abend die Lissabonner Telefonnummer von Mateus Fiqueiredo – das war jedenfalls sein Klarname gewesen. Es meldete sich ein António Arruda, aber Basler erkannte Fiqueiredo sofort an der Stimme. »Hier Andreas Basler. Ich bin in der Stadt und muss dich unbedingt sprechen. Wo können wir uns treffen?«

Fiqueiredo überlegte nur kurz. »Morgen Vormittag 9 Uhr an der Station der Altstadt-Elektrischen Nr. 28, bei der Sé Patriarcal. Beides sind Touristen-Attraktionen in der Alfama. Dort fallen wir nicht auf.«

Am nächsten Morgen an der Haltestelle erkannte Basler Fiqueiredo, der ihn aus einer ankommenden Elektrischen in den Wagen winkte, sofort, obwohl dieser seinen ehemals prächtigen Vollbart abrasiert hatte. Basler setzte sich ihm am offenen Fenster gegenüber und rumpelte mit ihm in der Tram bergauf, bergab um den Burgberg herum. Sein alter Kollege wollte offensichtlich sichergehen, dass ihnen niemand folgte. Sie stiegen aus. Im Lärm der

Bahn und des übrigen Straßenverkehrs in den engen Altstadtgassen hätten sie sich ohnehin nicht unterhalten können. Sie schlenderten, über Belanglosigkeiten plaudernd, Richtung Tejo und setzten sich in einer Grünanlage auf eine Bank, von der aus sie auf eine Marina am Tejo-Ufer schauten und ihre nähere Umgebung überblicken konnten.

Basler berichtete über den Zweck seiner Reise und den Informationsaustausch im Innenministerium.

Fiqueiredo schien im Bilde. »Bisher gibt es in der Tat keine konkrete Spur«, kommentierte der Geheimdienstler. »Aber wir dürfen uns nicht in Sicherheit wiegen. Bis zum Beginn der Europameisterschaft am 12. Juni sind es noch neun Wochen.«

»Soviel Zeit braucht man für die Vorbereitung eines großen Anschlags mindestens.«

»Ich halte einen solchen Anschlag derzeit nicht für wahrscheinlich.«

»Aber?«

Fiqueiredo lachte: »Immer noch die gute Nase! Es gibt in der Tat ein Aber.«

»Jetzt bin ich gespannt.«

»Solltest du auch sein. Denn es betrifft vielleicht euch. Es gibt seit einigen Tagen die Spur eines Mannes – wir glauben jedenfalls, dass es sich um einen Mann handelt – der sich eingehend mit der Konstruktion und dem Umbau unserer Stadien in allen acht Städten befasst hat. Wir haben nicht die geringste Ahnung, wer der Mann sein könnte. Wir haben aber ein in Englisch abgefasstes Papier gefunden, genauer eine Kopie dieses Papiers, in der er seine Erkenntnisse detailliert festgehalten hat. Diese Kopie war im Besitz einer jungen, deutsch sprechenden Frau. Sie ist aber nicht blond und blauäugig, wie es sich für eine Germanin gehörte, sondern ein dunkler Typ. Sie hat die Kopie samt dem Modemagazin, in dem die steckte, im ›Café Colombo‹ liegen lassen. Ob versehentlich oder absichtlich, wissen wir nicht. Vermutlich versehentlich. Wir wissen auch immer noch nicht, wo sie wohnt und erst recht nicht, ob sie eine Freundin von Mister Unbekannt ist. Wir wissen nur, dass sie im ›Café Colombo‹ frühstückt, sowie das Café morgens öffnet. Dann verschwindet sie.«

»Verschwindet?«

»Ja. Bis jetzt hat die junge Frau uns noch jedes Mal abgehängt«, gestand Fiqueiredo ein und zuckte etwas ratlos mit den Schultern.

»Vielleicht ist sie vom Fach?«

»Das würde die Sache nicht besser machen.«

»Kannst du mir das Papier zeigen?«

Fiqueiredo öffnete ein Kuvert. »Ich habe hier die Kopie, die im Café liegen geblieben und für uns sichergestellt worden ist. Mach dir im Hotel eine Kopie von dieser Kopie für eure Unterlagen. Die Original-Kopie«, er steckte sie wieder in den Briefumschlag, »gibst du der jungen Frau.«

»Welcher jungen Frau?«

»Na, der im ›Café Colombo‹.«

»Du sprichst in Rätseln.«

»Rätsel ist das Stichwort. Pass auf! Als du gestern angerufen hast, ist mir der Gedanke gekommen, dass du uns helfen könntest.«

»Ich bin ganz Ohr.«

»Geh morgen früh ins ›Café Colombo‹. Eine Kellnerin wird dir einen Platz in der Nähe der Zielperson anbieten. Vorsichtshalber gebe ich dir hier aber auch noch diesen Schnappschuss von der Dame mit. Nicht brillant, aber gut genug. Sie mag Mitte zwanzig sein.«

Basler schaute sich das Foto an: »Hm, sehr attraktiv!«

»Ja, ein schönes, lebhaftes Gesicht. Du sollst aber mit ihr nicht flirten, sondern sie auf Deutsch ansprechen. Erzähl ihr, du warst vor drei Tagen im Café, sie sei dir aufgefallen, zumal sie, bevor sie ins Englische verfiel, ihre Bestellung auf Deutsch aufgab. Während du frühstücktest, sei sie weggegangen, habe aber ein Modemagazin liegen lassen. Das hättest du beim Gehen mitgenommen – für deine Tochter. Dann zeigst du ihr die Fotokopie. Die hättest du in dem Magazin gefunden. Deine Tochter sei der Meinung, es handele sich wohl um eine Architektur-Arbeit. Vielleicht sei die Unbekannte, die das Magazin liegen ließ, eine Kunststudentin. Er solle doch versuchen, sie wieder zu treffen, um ihr das Papier zurückzugeben.«

»Wenn die vom Fach ist, durchschaut sie das sofort«, wandte Basler ein.

»Das ist bei deinem Charme keineswegs sicher. Auf jeden Fall wird ihre Reaktion interessant sein. Sagt sie danke und nimmt die Kopie an sich oder erklärt sie, weder gehöre ihr die Kopie noch kenne sie sie.«

»Warum habt ihr sie denn überhaupt beobachtet oder beobachten lassen?«

»Haben wir nicht. Die Kellnerin hat das Magazin und in ihm die Kopie gefunden. Ein Zufallstreffer.«

»Was steht denn außer bautechnischen und architektonischen Erkenntnissen sonst noch in dem Papier?«

»Schau es dir doch gleich selbst in Ruhe an. Es ist vorsichtig abgefasst. Aber der Bezug zur Europameisterschaft ist unverkennbar. Es geht um alle Stadien, in denen gespielt wird, und nur um diese. Keiner der beauftragten Architekten hat aber am Umbau oder der Renovierung aller dieser Stadien mitgearbeitet. Und ein ›unbekannter Bauexperte‹ ist bisher auch nicht aufgefallen. Vermutlich ist der Urheber der Aufzeichnungen einfach zu Fußballspielen in allen Stadien der Europameisterschaft gegangen, bis er wusste, was er wissen wollte.«

»Du sagtest vorhin, du rechnest nicht mit einem Anschlag auf die Europameisterschaft.«

»Richtig.« Fiquereido sah Basler an: »Ich halte das für eine Vorarbeit für die Weltmeisterschaft 2006 bei euch zu Hause – wenn nicht schon für die Olympiade.«

»Darum dein Interesse an dem deutsch sprechenden Mädchen, das im Besitz der Kopie war?!«

»Es war kein Mädchen, sondern eine junge Dame. Geh bitte morgen früh ins ›Café Colombo‹.«

Am nächsten Morgen zog sich Basler betont leger an. Nur zu gern nahm er den »Auftrag« Fiquereidos an. Vielleicht wurde sein Lissabon-Besuch jetzt ja doch noch ertragreich! Er wollte den deutschen Touristen spielen, obwohl die in der Regel im Hotel frühstückten oder in eines der schicken Cafés im Rossio gingen. Als er das »Colombo« betrat, bot ihm die Kellnerin einen Tisch an, von dem er die schöne Unbekannte – sie war schön, nicht nur attraktiv – im Auge hatte. Als sie mit ihrem Frühstück fast fertig war, näherte er sich ihrem Tisch, den Umschlag mit der Kopie in der Hand.

»Entschuldigen Sie die Störung«, sprach er sie auf Deutsch an. »Ich habe Ihnen hier etwas mitgebracht, was Sie vielleicht schon vermisst haben.«

Sie sah ihn mit ihren schönen, melancholischen Augen an und antwortete in seiner Sprache – ohne lange nachzudenken: »Ich vermisse nichts.« Sie sah ihn noch einmal an und fügte dann hinzu: »Bitte setzen Sie sich doch.« Basler hatte den Eindruck, dass ihr die Antwort in Deutsch herausgerutscht war. Sie blieb aber beim Deutschen. Sie sprach es fließend, allerdings mit einem deutlichen Akzent, den Basler nicht einordnen konnte. Sie war mit Sicherheit keine gebürtige Deutsche.

Basler spulte – ihr jetzt Auge in Auge gegenüber – etwas stockend seine Story ab und sah sie dabei unverwandt an. Er war von ihr bezaubert. Sie erwiderte seinen Blick eher amüsiert und hörte ihm geduldig zu. Dann sagte sie mit einem hinreißenden Lächeln: »Sehr, sehr freundlich von Ihnen, dass Sie sich diese Mühe gemacht haben. Aber weder das Magazin noch dieses Papier gehören mir. Ich bin auch keine Architekturstudentin. Ich bin eine Oster-Touristin, die dem Tourismusrummel entkommen will, um wirklich etwas von Lissabon zu sehen. Und jetzt muss ich leider gehen.«

Basler versuchte nicht, sie aufzuhalten. Draußen warteten die Schlapphüte, um die Schöne zu übernehmen. Leider. Er rief kurz darauf Fiqueiredo an, um ihm zu berichten. Der bedankte sich. Am Abend rief er Basler im Hotel zurück. Die junge Dame sei ihnen wieder entwischt. Sie sei in ein kleines Hotel gegangen, um, wie seine Leute annahmen, ihr Gepäck zu holen. In Wirklichkeit sei sie direkt zum Hinterausgang wieder hinausgegangen und seitdem verschwunden. Vermutlich, um das Land oder jedenfalls Lissabon zu verlassen. Sie fahndeten jetzt in anderen Hotels nach ihr. Eventuell habe sie aufgrund ihrer Flucht irgendwo Gepäck zurückgelassen. Von ihrem Frühstücksgeschirr hätten sie Fingerabdrücke und DNA-Spuren genommen. Er würde Basler von dem Ergebnis eine Kopie schicken. »Und was ist deine Meinung?« Basler verkniff sich Kommentare zur Arbeitsweise seiner portugiesischen Kollegen. Ähnliches war ihm auch schon passiert. Stark wirkte der Eindruck nach, den die Unbekannte in der kurzen Zeit im Café auf ihn gemacht hatte: »Sie ist schön. Aber ich glaube nicht, dass sie mir die Wahrheit gesagt hat.«

Am anderen Tag, es war Karfreitag, holte Basler Ayse vom Flugplatz ab. Sie war guter Dinge und unternehmungslustig. Über ihre Arbeit sprachen sie kein Wort. Sie nutzten die Ostertage, sich die Stadt anzusehen. Als erstes fuhren sie mit dem Bus zum Denkmal des 25. April hoch.

Der Blick von dort auf die im Sonnenschein liegende Stadt war überwältigend. Sie schauten über den Park Eduard VII., den Platz des Marquêz Pombal und die zum Tejo abfallende Innenstadt auf die Mündungsbucht des Flusses und hinüber auf das andere Ufer. Die dem heiligen Georg geweihte alte Burg ragte als Wahrzeichen über der Altstadt. Anschließend führte Basler sie in die tropische Pracht der Estufa Fria und unter die Palmen, Araukarien und Drachenbäume des Botanischen Gartens, in dem einst Felix Krull mit dem professoralen Vater einer von ihm verführten jungen Dame hochstaplerisch parliert hatte. Sie fuhren mit einem Ausflugsboot erst den Tejo herauf zum Gelände der Weltausstellung, dann hinunter nach Belém, um den Torre de Belém und das Hieronymus-Kloster zu bewundern. Sie aßen und tranken gut. Frischer weißer Fisch mit grünem Koriander und einem guten portugiesischen Landwein wurde in diesen Tagen Ayses Lissabonner Lieblingsgericht. Vor ihrem Rückflug am Abend des Ostermontags scherzte sie, dieser Ausflug sei ihre Hochzeitsreise ohne Trauschein gewesen. Doch dann stieß sie auf dem Schreibtisch des Hotelzimmers zufällig auf das Foto der Unbekannten, das zwischen Baslers Papieren lag.

Ayse war schockiert. Nachdem sie das Bild lange angeschaut hatte, ging sie zu Basler, der gerade seine Sachen packte. Sie fasste ihn mit einer Hand am Jackett und fragte ihn, in der anderen Hand das Foto schwenkend: »Spionierst du mir in der Botschaft nach? Oder ist das deine zweite Freundin? Die hier!«

Basler wusste nicht, was sie wollte. »Ist dir nicht gut?«

»Mir ist gar nicht gut«, stieß Ayse hervor und rang sichtlich um Fassung.

Basler löste ihre Hand behutsam von seinem Jackett und nahm ihr das Foto ab. »Ach die – das ist eine seltsame Geschichte.«

»Hoffentlich nicht so seltsam, dass du sie mir nicht erklären kannst.«

»Rätselhaft genug! Die portugiesischen Kollegen suchen einen Verdächtigen und meinen, die junge Frau sei vielleicht seine Freundin oder könne sie jedenfalls auf seine Spur führen.« Er erzählte ihr die ganze Geschichte, was er – streng dienstlich – eigentlich nicht vorgehabt hatte.

»Wie lange hast du gestern mit ihr in dem Café gesprochen?«

»Zehn Minuten. Sie spricht gut Deutsch, ist ihrem Akzent nach aber keine Deutsche. Sie behauptete völlig ruhig, die Kopie nicht zu kennen. Weder das Magazin noch die Kopie gehörten ihr. Dann schwebte sie von dannen und ist seitdem verschwunden. Warum regst du dich so auf?«

Ayse druckste herum. »Um ehrlich zu sein: Im ersten Moment habe ich befürchtet, du hättest etwas mit ihr. Sara Akşin ist eine schöne Frau – und arbeitet seit etwa einem Jahr in unserer Botschaft! Sie ist wohl die einzige Jüdin in unserer Dienststelle.«

»Sie arbeitet in der türkischen Botschaft?«

»Ja. Ich glaube übrigens, sie war es, die mir den anonymen Warnbrief geschrieben hat.«

»Wie kommst du darauf?«

»So ein Gefühl.«

»Hat sie gewusst, dass du nach Lissabon fährst?«

»Nein, das halte ich für ausgeschlossen. Ich habe in der Botschaft niemandem von meiner Reise erzählt.«

»Warum ist sie dann hier?«

»Woher soll ich das wissen? Vielleicht weil sie Urlaub macht, um sich Lissabon anzuschauen. So wie wir.«

»Könnte sie mich kennen?«

»Wenn, dann wohl nur dem Namen nach.«

»Kannst du das mit ihrem Urlaub überprüfen?«

»Natürlich. Sowie wir zu Hause sind.«

Bevor sie das Hotel verließen, rief Basler Fiqueiredo an, um ihn über die neueste Erkenntnis zu unterrichten. Der reagierte erfreut: »Ich wusste doch, dass du uns weiterbringen würdest.«

Damit ging Baslers Lissabon-Besuch zu Ende.

*

Ich fand Baslers Lissabon-Bericht nichtssagend. Die Anti-Terror-Abteilung in Meckenheim diskutierte ihn. Die Lagebeurteilung der portugiesischen Kollegen wurde zur Kenntnis genommen, hinter die Geschichte des Geheimdienstes aber ein Fragezeichen gesetzt. Die Konstruktion von Fußballstadien sei kein Geheimnis, man könne sie in den Architektenbüros studieren. Für die Vorbereitung von Anschlägen auf deutsche oder griechische Arenen sei das Studium portugiesischer Stadien schon gar nicht nützlich. Das »Rätsel Sara« beschloss man, zunächst der türkischen Seite zu überlassen. Ob eigene Recherchen eingeleitet werden müssten, sollte erst nach Vorliegen einer türkischen Stellungnahme entschieden werden.

Wie groß die Gefahr eines Terroranschlags auf die Fußball-Weltmeisterschaft 2006 in Deutschland sei, blieb die zentrale Frage. Dass sie ein lohnendes Ziel für Terroristen abgeben könne, war auch im BKA unstrittig. Zumal 2006 in Deutschland auch noch Bundestagswahlen stattfinden sollten. Dass unter den Opfern eines Stadionanschlags auch viele Muslime sein würden, spreche nicht gegen diese Einschätzung. Der Tod von Muslimen habe die Terroristen bisher von keinem ihrer Anschläge abgehalten, weder in Casablanca noch in Istanbul, von Afghanistan und dem Irak ganz zu schweigen.

Als Austragungsorte der Spiele waren vom Organisationskomitee der Weltmeisterschaft in Zusammenarbeit mit den nationalen und internationalen Fußballverbänden zwölf Stadien in zwölf Städten ausgewählt worden. Man kam zu der Einschätzung, am gefährdetsten seien die Eröffnungsfeier und das Eröffnungsspiel in der neuen Allianz-Arena in München, vor allem aber das Endspiel und die Schlussfeier im ausgebauten Berliner Olympia-Stadion.

Auch im BKA kam man, wie in Lissabon, zu dem vorläufigen Ergebnis, dass ein Sprengstoffanschlag mit Gefechtsfeldraketen am wahrscheinlichsten sei. Auch in Meckenheim gab man eine Studie über die potentiellen

Wirkungen eines Stadion-Anschlags mit biologischen Waffen in Auftrag. Nachdem in Jordanien und Großbritannien Anschläge mit chemischen Waffen in letzter Minute verhindert worden waren, weitete man die Studie auf chemische Waffen aus.

Eine kleine Gruppe unter Leitung von Basler wurde beauftragt, diesen Fragen im Einzelnen nachzugehen und mit den für die Sicherheitsplanung für die Weltmeisterschaft Verantwortlichen zu erörtern. Die Planung müsse laufend überprüft und an die aktuelle Gefährdungslage angepasst werden.

*

Die türkische Botschaft unterrichtete kulanterweise – wie man dort betonte – Baslers Abteilungsleiter Engler, bei der Überprüfung von Frau Akşin hätten sich keine Anhaltspunkte für Zweifel an ihrer Loyalität ergeben. Es müsse sich um ein Missverständnis gehandelt haben. Die Lissabonner Polizei sei im gleichen Sinne unterrichtet worden.

Als Basler Ayse Güntürk in Berlin wiedersah, ergänzte diese, Sara Akşin habe über Ostern tatsächlich Urlaub genommen und Lissabon als Reiseziel angegeben. Beim Botschaftspersonal werde kolportiert, ihr Freund sei Assistent an einem Berliner Lehrstuhl für Architektur und Städtebau. Vielleicht stamme das Papier ja von ihm.

»Was macht sie in der Botschaft und wo kommt sie her?«, wollte Basler wissen.

»Sie ist Übersetzerin, spricht vier Fremdsprachen: Deutsch und Englisch, Arabisch und Hebräisch. Kein Wunder also, dass sie in unserer Botschaft eine Stelle gefunden hat.«

»Und für wen arbeitet sie in der Botschaft?«

»Für den Wissenschaftsattaché. Vielleicht kann ich dir mehr erzählen, wenn ich aus Ankara zurück bin.«

»Du musst nach Ankara?«

»Man hat mich einbestellt. Vermutlich geht es auch dort um Sara.«

»Für mich wird sie ein Rätsel bleiben, was immer dabei herauskommt.«

Ayse lächelte etwas angestrengt: »Ich weiß, ich weiß. Schönheit ist und bleibt für Männer nun einmal rätselhaft …«

Gleich nachdem Ayse aus Ankara zurückgekommen war, traf sie sich mit Basler übers Wochenende in Köln. Man habe sie in der Zentrale über das »Rätsel Sara« regelrecht vernommen. Über die Lissabonner Café-Geschichte sei man erstaunt gewesen. Auch für die Behörden in Ankara mache die Story über das Ausspähen von portugiesischen Stadien keinen Sinn. Man habe der schönen Dame jedenfalls einen Persilschein erster Güte ausgestellt. – Sie vermute, so Ayse, dass Sara Akşin hohe Protektion genieße.

Am Nachmittag gingen Ayse und Andreas ins Kino. Das hatten sie zuletzt vor vierundzwanzig Jahren in Istanbul getan. Sie sahen sich den deutsch-türkischen Film

»Gegen die Wand« an. Ayse gefiel er besonders gut. Zum Abendessen suchten sie Baslers Lieblings-Italiener auf. Als sie später auf Baslers Couch saßen und Rotwein tranken, fragte Ayse plötzlich: »Darf ich die Romantik kurz unterbrechen und noch einmal auf etwas Dienstliches zurückkommen?«

Basler war erstaunt, ermunterte sie aber, sich keinen Zwang anzutun.

»Auf der Reise habe ich überlegt, wie ihr eigentlich zu der Annahme gekommen seid, es könnte ein Terroranschlag auf die Fußball-Europa- oder die Fußball-Weltmeisterschaft geplant sein. Nach dem, was du mir erzählt hast, habt ihr dazu nicht eine einzige belastbare Information. Und das deckt sich voll und ganz mit unseren Erkenntnissen.«

Basler stimmte zu. Urheber sei wohl der bloße Ablauf der Ereignisse gewesen. Die Madrider Anschläge vom 11. März hätten Portugal alarmiert, wo ab dem 12. Juni die Europameisterschaft stattfinde. Von der zur Fußball-Weltmeisterschaft in Deutschland sei es gedanklich nur ein Schritt. An diesen Ablauf der Dinge hätten sich dann Ängste, Gerüchte, Vermutungen und schließlich »Meldungen« angesetzt wie Muscheln an ein Schiff. Dem müsse man nachgehen. Kern der Geschichte sei die Möglichkeit, wenn nicht Wahrscheinlichkeit, eines Anschlags auf ein – in den Augen der Terroristen – lohnendes Massenmord-Ziel.

»Ich habe über die Lissabonner Caféhaus-Geschichte nochmals nachgedacht: Es könnte auch anders sein.«

Basler, der es sich auf der Couch, seinen Kopf auf Ayses Schoß, bequem gemacht hatte, setzte sich auf und sah sie erwartungsvoll an. »Ich bin ganz Ohr.«

Sie lachte. »Mein deutscher Dienstmann plötzlich so wach, trotz der zweiten Flasche Rotwein?«

»Dienstmädchen hat angefangen!«

Ayse wurde wieder ernst. »Wenn die Lissabonner Story so gelaufen ist, wie sie dir dein Geheimdienstler erzählt hat, dann macht sie als Vorbereitung für einen Anschlag wenig Sinn.«

»Der Meinung sind wir und die portugiesischen Kollegen gleichermaßen.«

»Daraus darf man aber nicht schließen, sie sei reiner Unsinn. Es könnte auch ein Schachzug in der psychologischen Kriegsführung der El Kaida sein. Man umgibt den faktischen Ablauf der Ereignisse mit einer Desinformationswolke. Dadurch lenkt man die Aufmerksamkeit der nationalen, europäischen und internationalen Geheimdienste von wirklich geplanten Anschlägen ab und bindet deren Kräfte.«

Basler sah sie an. »Auf die Idee bin ich noch nicht gekommen.« Er überlegte eine Weile. »Ich denke, unser Auftrag in Bezug auf die Sicherheit der Weltmeisterschaft bleibt dennoch sinnvoll. Es ist ja nur eine von mehreren Perspektiven, unter denen wir das aktuelle Lagebild jeweils analysieren müssen. Wir dürfen andere Perspektiven natürlich nicht vergessen.«

Ayse nickte. »Was am Ende zählt, ist die Aufdeckung und Ausschaltung konkreter Gefahren und Gefahrenpotentiale – wie ein Kollege, der mir sehr ans Herz gewachsen ist, immer betont.«

»Und du hältst Sara nach wie vor für ein Rätsel, traust ihr sogar eine Rolle in der psychologischen Kriegsführung der El Kaida zu?«

»Das habe ich nicht gesagt.«

»Es ergab sich aus deinen Worten.« Basler lächelte sie provozierend an: »Bist du wirklich eifersüchtig?«

»Nein, du Mistkerl!«, antwortete sie wütend. Basler verstand das als Liebeserklärung.

*

Während Baslers Gruppe – im BKA »die Weltmeister« genannt – noch an ihrer Analyse arbeitete, erreichte das BKA Mitte Mai über CIA-Kanäle eine Meldung, die die Fahnder in hektische Aktivität versetzte. Ein im Umfeld der ATTAC tätiger Informant habe aus der bunten Ansammlung der sich um die Globalisierungsgegner scharenden Gruppen den Hinweis erhalten, auf das im Bau befindliche neue jüdische Gemeindezentrum in München werde ein Sprengstoffanschlag geplant. Die Spuren führten einerseits zu der rechtsextremistischen Szene im Raum München, in der bereits ein Anschlag auf die Grundsteinlegung für das Zentrum am 9. November 2003 geplant worden war. Jetzt sei es einer Neonazi-Gruppe offenbar gelungen, aus einem Bundeswehrdepot eine erhebliche Menge in Paketen verpackten Sprengstoffs zu entwenden.

Andere Spuren führten in die Frankfurter Islamisten-Szene, in der vor Jahren Pläne algerischer Terroristen für Anschläge in Straßburg aufgedeckt worden waren. Eine Zusammenarbeit dieser Gruppen erscheine zwar auf den ersten Blick unwahrscheinlich. Da beide Gruppen aber ihr Hass auf alles Jüdische verbinde, sei eine gemeinsame Planung für einen Anschlag auf eine Synagoge nicht auszuschließen.

Die Fahnder, die dem Sprengstoffdiebstahl nachgingen, entdeckten die erste Spur. Sie führte von einem Zeitsoldaten, der in dem Munitionsdepot gearbeitet hatte, inzwischen aber aus der Bundeswehr ausgeschieden war, zu einer Gruppe von Rechtsextremisten in München. Deren Mitglieder wurden verhaftet, der ehemalige Soldat legte ein Geständnis ab, der Sprengstoff wurde aber nicht gefunden.

Die auf die Islamisten im Raum Frankfurt am Main angesetzten Fahnder waren zunächst weniger erfolgreich, obwohl sie spürten, dass etwas in der Luft lag. Die Durchsuchung der Wohnungen der verhafteten Rechtsextremisten in München führte die Frankfurter Ermittler dann aber auf einigen Umwegen zur richtigen Adresse. Sie fanden in der gemeinsamen Wohnung zweier von ihnen überwachter Islamisten eine Bombenwerkstatt und dort, neben Bauplänen und Zündern, einen kleinen Teil des gestohlenen Sprengstoffs. Die Islamisten behaupteten, mehr hätten sie nicht bekommen, während die Rechtsextremisten darauf bestanden, sie hätten ihnen den gesamten erbeuteten Sprengstoff verkauft – zum Freundschaftspreis, versteht sich. Razzien im Umfeld der Festgenommenen blieben erfolglos.

Der Zufall half den Fahndern weiter. In einer Frankfurter Schule wurden zwei türkische Jungen festgenommen, die Mitschülern kleine Mengen Sprengstoff im Austausch gegen die zehnfache Menge Haschisch angeboten hatten. Der Sprengstoff stammte aus dem Bundeswehrdepot. Bei der Durchsuchung der elterlichen Wohnung fand die Kripo ein Paket des Sprengstoffs. Die Eltern kannten die Verhafteten Islamisten aus ihrer Moscheen-Gemeinde und hatten das Paket für sie verwahrt. Trotz dieses weiteren Fundes war immer noch nicht mehr als ein Sechstel der Beute aus dem Bundeswehrdepot aufgetaucht. Nach dem Rest wurde weiter gesucht.

Nun brach in Baslers BKA-Abteilung der alte Streit über die Rolle der türkischen Minderheit im Umfeld islamistischer Terroristen erneut auf. Die türkische Familie, bei der der Sprengstoff deponiert worden war, behauptete, den Inhalt des Pakets nicht gekannt zu haben. Das erschien schon deshalb unglaubwürdig, weil sogar die Kinder wussten, was in dem Paket war. Außerdem gehörten die Eltern der umstrittenen Organisation Milli Görüs an und machten kein Hehl aus ihrer fundamentalistischen Überzeugung, dass eine islamische Weltordnung wünschenswert sei. Der Fall zeige, so Baslers Kollege Merkel, dass man die türkische Minderheit in Deutschland weit über die offen agierenden Islamisten hinaus beobachten und kontrollieren müsse, da Terrorgruppen in ihr sehr wohl Unterstützer finden könnten.

Basler entgegnete, das Besondere des Falls sei die anti-jüdische Stoßrichtung des geplanten Anschlags gewesen. In der türkischen Minderheit in Deutschland sei das Unterstützerpotenzial für anti-jüdische Aktionen größer als das für islamistische Terroranschläge.

Abteilungsleiter Engler, der einen neuen, die Arbeit der Abteilung lähmenden Streit im Keim ersticken wollte, fuhr Basler an, ob er vielleicht erklären könne, wie sie beim Verdacht einer Anschlagsplanung denn von außen erkennen sollten, ob eine Bereitschaft zur Unterstützung islamistischer Gruppen anti-jüdischen oder aber islamistischen Beweggründen entspringe. Außerdem begünstige der »politische Islam«, der sich offiziell zum Grundgesetz bekenne und Gewalt ablehne, solche Unterstützungsneigungen, indem er in der türkischen Minderheit nicht den Willen zur Integration, sondern Tendenzen zur Bildung einer Parallelgesellschaft fördere.

Obwohl Baslers Kollegen dem zustimmten, erlag er der für ihn offenbar unwiderstehlichen Versuchung, noch einmal seine Philippika gegen den »Alarmismus« vom Stapel zu lassen. Engler unterbrach ihn schroff. »Halt, lieber Kollege, falls Sie nicht in der Lage sind, dazuzulernen, wird für Sie bald kein Platz mehr in unserer Abteilung sein! Sie wissen, wovon ich spreche.« Basler kochte vor Wut, schwieg aber. Die Stimmung in der Abteilung blieb gereizt.

Die weitere Suche in der Islamisten-Szene des Rhein-Main-Gebiets nach dem Rest des gestohlenen Sprengstoffs, etwa vierzig Kilogramm, blieb erfolglos. Die

Münchner Fahnder entdeckten eine Spur nach Berlin. Die Neonazis hatten ihr Diebesgut offenbar paketweise an mehrere Zahlungswillige verkauft. In Berlin geriet der deutsche Besitzer einer Autoreparaturwerkstatt in Verdacht, der mit einem der in München verhafteten Rechtsextremisten in Kontakt gestanden hatte – und vor drei Jahren zum Islam übergetreten war.

In mühevoller Kleinarbeit fanden die Fahnder heraus, dass Sprengstoffpakete, vielleicht der ganze Rest, auf dem Werkstatt-Grundstück im Keller des Hinterhauses gelagert waren. Das Haus stand bis auf eine Wohnung im Erdgeschoss, die von zwei marokkanischen Taxifahrern genutzt wurde, seit Jahren leer. Den Keller hatte der Berliner Grundstückseigentümer zusammen mit der Werkstatt an den Verdächtigen vermietet, lange bevor der zum Islam konvertiert war. Die Kellerräume waren elektronisch gesichert und wurde zusätzlich von den beiden Marokkanern bewacht, die sich beim Taxifahren in Tag- und Nachtschichten abwechselten.

Das Grundstück wurde unter Beobachtung gestellt. Die Fahnder fanden heraus, dass von einem weißrussischen Spediteur zweimal Fracht in den Hinterhof gefahren und in den Keller gebracht wurde. Beim zweiten Mal, der wachhabende marokkanische Taxifahrer half gerade beim Abladen, war es einem der Fahnder gelungen, in den Keller zu gelangen und sich darin umzusehen. Die Zeit reichte aber nicht aus, um festzustellen, ob es sich auch bei der Fracht aus Weißrussland um Sprengstoff handelte.

Das BKA wurde eingeschaltet. In Baslers Gruppe waren die Ansichten über das weitere Vorgehen geteilt. Die einen schlugen vor, die Beobachtung fortzusetzen, um festzustellen, was der weißrussische Spediteur transportiere und, falls es tatsächlich Sprengstoff sein sollte, wer hinter dem Unternehmen stecke. Eine weitere Beobachtung könne unter Umständen auch klären, ob Werkstatt und Lager noch in anderen Richtungen kriminell vernetzt seien.

Eine andere Fraktion war der Ansicht, das Sprengstofflager stelle eine akute Gefahr dar und müsse daher so schnell wie möglich geräumt werden. Niemand könne verantworten, wenn der Sprengstoff aus dem Lager während der laufenden Beobachtung zu Anschlägen benutzt würde. Gefahr sei im Verzug. Ein schneller, überraschender Zugriff, bevor sich die Verdächtigen beobachtet fühlten, minimiere außerdem das Risiko, dass das Lager – aus Angst vor Entdeckung – von einem der Wächter oder aber von der Werkstatt aus elektronisch in die Luft gesprengt werde.

Eine Entscheidung war nicht leicht herbeizuführen. Ein Außer-Gefecht-Setzen der Taxifahrer und des Werkstattpersonals hätte das Problem der in ihren Einzelheiten nicht bekannten elektronischen Sicherungsanlage des Lagerkellers nicht gelöst. Darauf zu hoffen, man könne den Sicherungsmechanismus technisch ausschalten, schien gefährlich.

Basler machte dem Austausch der Argumente auf seine Art ein Ende. Er teilte in einer Abteilungsbesprechung mit, dass das Berliner Bauordnungsamt dem Eigentümer des Grundstücks unter Androhung einer Ersatzvornahme durch die Behörden die Auflage gemacht habe, das Haus unverzüglich zu räumen – wegen Einsturzgefahr. Eine weitere Nutzung werde untersagt, eine Abbruchverfügung folge.

»Das dauert Monate, wenn nicht Jahre, bis so etwas durchgesetzt wird«, wandte einer von Baslers Kollegen ein.

»Keineswegs«, antwortete dieser seelenruhig. »Der Eigentümer hat den marokkanischen Taxifahrern ihre Wohnung und dem Werkstattbetreiber den Lagerkeller aus Gründen der öffentlichen Sicherheit bereits mit sofortiger Wirkung gekündigt.«

»Haben Sie das wieder einmal im Alleingang eingefädelt?«, wollte Baslers Kollege Merkel wissen.

»Sagen wir mal so«, räumte Basler ein, »ich habe gewisse Anregungen gegeben.«

Bevor eine Diskussion über Baslers neuerliche Eigenmächtigkeit ausbrach, fragte der Abteilungsleiter Basler in scharfem Ton: »Und was soll das Ganze?«

»Der verdächtige Werkstattbesitzer muss das Lager binnen drei Tagen räumen, da er damit rechnen muss, dass es sonst die Polizei tut. Er und seine Hintermänner müssen sich also sofort nach einer anderen Lagermöglichkeit umsehen und den Abtransport des Sprengstoffs vorbereiten. Aus der Beobachtung dieser Vorgänge können wir mit Sicherheit zusätzliche Erkenntnisse gewinnen. Während des Transports, den die Verdächtigen nicht in gleichem Maße wie das Lager sichern können, jedenfalls nicht bei der gebotenen Eile, schlagen wir an einer geeigneten Stelle der Transportroute zu. In welchem Umfang die Nachbarschaft gesichert werden muss, hängt vom Ort des Geschehens ab.«

Viele Kollegen waren über Baslers Aktion wütend. Einige waren neidisch, dass ihnen das nicht selbst eingefallen war. Andere waren nicht davon überzeugt, dass der Plan besser sei als ein Zugriff auf dem Grundstück. Basler hatte aber nicht nur die Verdächtigen, er hatte auch das BKA unter Zugzwang gesetzt. Glücklicherweise wurde der zeitgleiche Zugriff auf Transport und Werkstatt ein Erfolg. Der dämpfte den Zorn der Kollegen etwas, schuf aber die Tatsache, dass Basler erneut eigenmächtig gehandelt hatte, nicht aus der Welt.

Auch in den weiteren Ermittlungen konnte nicht geklärt werden, ob das Sprengstofflager der Vorbereitung eines Anschlags auf die Fußball-Weltmeisterschaft dienen sollte.

*

Engler unterrichtete mich telefonisch. Seine Empörung über Baslers Eigensinn gipfelte in den Worten: »Der bricht sich doch noch das Genick!« Auf meine Frage, ob Basler noch immer gegen den »Alarmismus« agitiere, antwortete er, das habe sich ziemlich gelegt. Dafür erkläre er nun immer häufiger, dass er an einem Abbau des Rechtsstaats nicht mitwirken werde.

Ich rief Basler an: »Ich muss mit Ihnen sprechen.«

»Worüber denn, Walter?«

»Über Grundsätzliches natürlich, Andreas, das ist ja Ihre zweite Natur.«

»Was wollen Sie denn? Das Hochnehmen des Sprengstofftransports hat doch gut geklappt.«

»Es wäre schief gegangen, wenn die Verdächtigen auch nur die Route des Transports, die Ihnen aus der Telefonüberwachung bekannt geworden war, geändert hätten. Am vorgesehenen neuen Lagerort, dicht mit Wohnblocks besiedelt, wäre ein Zugriff weit gefährlicher gewesen als im leer stehenden Hinterhaus des Werkstattgeländes.«

»Sie sind aber gut informiert.«

»Engler überlegt, ob er Sie rausschmeißen muss.«

»Soll er doch!«

»Wenn man so grundsätzlich denkt wie Sie, sollte man nicht immer wieder den Trotzkopf spielen.«

»Ich halte mich nur an meine Grundsätze.«

»Die sind keineswegs über alle Zweifel erhaben. Im ›Kölner Fall‹ haben Sie illegal den Feuerwehrmann gespielt. Im Fall des Berliner Sprengstofflagers haben Sie das Bauordnungsamt zu einer – wie ich vermute – durch das Recht nicht gedeckten Anordnung verleitet.«

»In beiden Fällen habe ich unnötige und daher törichte Gewaltanwendung vermeiden helfen.«

»In beiden Fällen hätte Ihr Alleingang schief gehen können. Terroristen sind keine Hausbesetzer, Andreas. Der internationale Terror zwingt uns, unsere Arbeit in vielerlei Hinsicht zu überdenken.«

»Am Ende werden wir alle so denken wie die Terroristen.«

»Nur wenn wir den Terroristen das Handwerk legen, werden wir das verhindern. Die Frage ist, wie legen wir ihnen das Handwerk? Also: Sonntagvormittag bei mir.«

Als wir auf der Terrasse in Ittenbach saßen, beschränkte ich mich hinsichtlich seines Alleingangs in Berlin auf die Feststellung: »Den Leitenden Kriminaldirektor können Sie sich jetzt endgültig abschminken.«

Basler kommentierte das nicht. Ich kam direkt zu der Frage zurück, wie wir den Terroristen das Handwerk legen können.

Der islamistische Terrorismus stelle uns weltweit vor Herausforderungen, von denen der Innenminister gesagt habe, dass sie die Grenzen zwischen Strafrecht, Polizeirecht und Kriegsrecht verschwimmen ließen.

»Genau das müssen wir verhindern«, antwortete Basler erregt und rutschte auf seinem Stuhl hin und her.

»Andreas, zunächst einmal müssen wir uns eingestehen, dass sich die Sicherheitslage geändert hat. Das müssen auch Sie zur Kenntnis nehmen, bevor Sie weiter Ihren ehrenwerten Grundsätzen huldigen.«

Basler, den Zeigefinger auf mich gerichtet, antwortete enttäuscht: »Auch nach Ihrer Meinung sind wir also im Krieg, wie Bush und die NATO törichterweise verkündet haben. Also soll Kriegsrecht gelten, aber nicht einmal das alte, sondern ein ganz neues, in dem zum Beispiel Gefangene keine Rechte haben. Und was heißt Kriegsrecht im Innern? Offenbar, dass man an Grundpfeiler des Rechtsstaats herangeht: an die Unschuldsvermutung, an den Grundsatz: keine Strafe ohne Gesetz und ohne richterliches Urteil, an Verfahrens- und Beweisregeln. Gerichte werden scharf kritisiert, wenn sie Terrorverdächtige freilassen, weil dem Gericht von den Geheimdiensten entlastende Beweismittel vorenthalten werden. Und nicht nur der Innenminister denkt schon über die Einführung einer polizeilichen Sicherungsverwahrung von Terrorismus-Verdächtigen nach, wenn das Beweismaterial zu einer Verurteilung oder einer Abschiebung nicht ausreicht.«

Ich versicherte Basler, in der Kritik an der Bush-Regierung seien wir uns weitgehend einig. Er mache es sich aber zu einfach, wenn er die falschen Antworten der Bush-Regierung verwerfe, ohne die dahinter stehenden Fragen ernst zu nehmen. Sein Grundsatz, staatliche Gewalt dürfe nur ausnahmsweise und so wenig wie möglich angewandt werden, sei gerade angesichts der neuen Herausforderungen keine taugliche Antwort.

Basler hatte offensichtlich Mühe, ruhig zuzuhören. Seine Blicke und Gesten signalisierten mir entschiedene Ablehnung. Ab und zu öffnete er seine Lippen und nur mein fester Blick schien ihn davon abzuhalten, mich zu unterbrechen.

»Der Kampf gegen den Terrorismus«, fuhr ich fort, »ist kein Krieg, schließt aber militärische Aktionen nicht aus. Der Angriff auf das Taliban-Regime in Afghanistan war im Lichte des geltenden Völkerrechts sicher problematisch. Aber können wir es ohne Gegenwehr hinnehmen, dass ein Land auf seinem Territorium Terrorkommandos ausbildet, die es uns dann – dem Staat wie der Zivilgesellschaft – auf den Hals schickt? Die Antwort kann nur Nein lauten. Es geht darum, wie weit die Selbstverteidigung gegen staatlich geförderten Terrorismus gehen darf. Im Verhältnis zwischen den Staaten wie im Verhältnis zwischen Staat und Bürgern geht es heute ja auch um die Fortentwicklung des Völkerrechts. Internationale Strafgerichtshöfe, die Staats- und Regierungschefs zur Verantwortung ziehen können, gab es früher auch nicht. Genauso wenig wie weltweit anerkannte Menschenrechte.«

»Und der Kampf gegen den Terrorismus im Innern, ist der auch Krieg?«

»Er ist kein Krieg, aber auch keine Strafverfolgung im herkömmlichen Sinne.«

»Was soll denn ihrer Meinung nach an die Stelle des rechtsstaatlichen Polizei- und Strafrechts treten?«

»Es geht nicht darum, es zu ersetzen, es geht darum, es fortzuentwickeln. Denken Sie an den Kampf gegen die RAF-Terroristen, die sich als Guerillas gebärdeten. Wir haben denen nicht den Krieg erklärt. Aber Regierung und Parlament haben zum Beispiel das Kontaktsperregesetz erlassen, nachdem bekannt geworden war, dass einige Rechtsanwälte ihren Mandanten sogar Waffen ins Gefängnis geschmuggelt hatten. Die Polizei hat gegen die RAF umfangreiche Rasterfahndungen gestartet. Beides war damals heftig umstritten, hat aber den Rechtsstaat in seinen Grundfesten nicht gefährdet. Nachdem die Terroristen aufgeben hatten, wurde die Rasterfahndung an engere gesetzliche Voraussetzungen gebunden und das Kontaktsperregesetz nicht mehr angewandt.

Gegenüber der Herausforderung durch den islamistischen Terror stehen wir vor ähnlichen Problemen, vor ähnlichen, nicht vor gleichen. Denn anders als der RAF-Terror hat der islamistische eine weltweite und das heißt auch eine außen- und sicherheitspolitische Dimension. Und während der RAF-Terror von einem Überdruck in verwirrten Köpfen angetrieben wurde, besitzt der islamistische Terror die Dynamik einer religiösen Bewegung. Seine Herausforderung ist also weit gravierender.

Umso mehr müssen wir aufpassen, darin stimme ich Ihnen zu, dass wir unter diesem Schock nicht unsere rechtsstaatlichen und demokratischen Prinzipien aufgeben und damit den Terroristen in die Hände arbeiten. Sie können unser Land mit ihrem Terror nicht zerstören, wohl aber unsere politische und rechtliche Ordnung, die sie so verachten. Gegenüber den RAF-Terroristen sind seinerzeit teilweise hysterische Forderungen erhoben worden, den Terror mit Gegenterror, etwa mit der Erschießung verhafteter Terroristen, zu beantworten. Regierung und Parlament haben das entschieden zurückgewiesen und mit kühlem Kopf Maßnahmen getroffen, die zur erfolgreichen Abwehr des RAF-Terrors erforderlich waren. Darauf kommt es auch heute an.

Nehmen wir mal das so heftig umstrittene Luftverkehrssicherheits-Gesetz als Beispiel. Der Bundestag hat es erlassen, nachdem die El Kaida mit entführten Passagiermaschinen die Anschläge in New York und Washington durchgeführt hatte, und ein Sportflieger über Frankfurt herumgeflogen war und gedroht hatte, seine Maschine zum Absturz zu bringen. Eine Bestimmung des neuen Gesetzes ermächtigt den Verteidigungsminister, als letztes Mittel den Abschuss einer Maschine anzuordnen, ›wenn den Umständen nach davon auszugehen ist, dass das Luftfahrzeug gegen das Leben von Menschen eingesetzt werden soll‹. Diese Vorschrift wird eine beschränkte Abschreckungswirkung haben, doch das beantwortet nicht die Bedenken der Kritiker.

Nehmen wir den schwierigsten Fall, den einer entführten Passagiermaschine. Die Vorschrift, so sagen ihre Befürworter, zielt auf eine Situation, in der das Leben der Passagiere nicht mehr zu retten ist, da sie bei dem Anschlag mit Sicherheit umkommen würden. Es ginge nur noch darum, das Leben der am Anschlagsort bedrohten Menschen zu retten. Das wiederum bürdet die Verantwortung im Einzelfall dem Verteidigungsminister und dem Piloten des Abfangjägers auf. Die Beurteilung der jeweiligen Situation ist aber schon angesichts der knappen Zeit, die zur Verfügung steht, außerordentlich schwierig. Ist das Flugzeug entführt worden, um einen Anschlag durchzuführen oder um mit den Passagieren als Geiseln Gefangene freizupressen? Oder: Wie groß ist die Gefahr, dass eine abgeschossene Maschine an ihrer Absturzstelle mehr Menschen in den Tod reißt, als der Anschlag es getan hätte?

In diesem Zusammenhang kommt regelmäßig der Einwand, dass man Menschenleben grundsätzlich nicht gegen Menschenleben abwägen, ›aufrechnen‹ könne, schon gar nicht quantitativ. Das ist im Strafrecht ziemlich unstrittig. Hier geht es aber um das Recht der polizeilichen Gefahrenabwehr. Bei der spielen für die Verhältnismäßigkeit einer getroffenen Abwehrmaßnahme quantitative Gesichtspunkte – unter Umständen auch die Zahl der gefährdeten Menschen, in New York waren es Tausende, bei einem Anschlag auf ein Kernkraftwerk würden es Zehntausende sein – durchaus eine Rolle.

Schließlich dürfen wir über die notwendige Diskussion dieser Frage nicht die Gegenfrage vergessen: Darf der Staat denn gegenüber der Gefahr eines solchen Anschlags die Hände in den Schoß legen? Wäre die Nichtabwehr eines solchen Anschlags mit dem Grundgesetz vereinbar?«

Basler wich der Frage aus. Er hatte mir, von Satz zu Satz immer unruhiger werdend, zugehört. »Schon der Einsatz der Luftwaffe verstößt gegen die Grundsätze des Polizeirechts. Wir wären dann im Krieg.«

»Weder in einem Krieg oder Bürgerkrieg, noch in einem Partisanen- oder einem Guerillakrieg – obwohl die Terroristen selbst von Krieg sprechen und ihren ›heiligen Krieg‹ als eine Art weltweiten Guerillakampf ansehen mögen. Der Abschuss einer Maschine nach dem Luftverkehrssicherheits-Gesetz ist Gefahrenabwehr, für die entgegen den bisher geltenden Regeln in einem solchen Fall auch militärische Mittel eingesetzt werden könnten, weil andere Mittel für die Abwehr einer solchen Gefahr nicht zur Verfügung stehen.«

»Sie haben mich nicht überzeugt, Walter. Wenn Sie das öffentlich sagen, werden Sie von den Kolumnisten der Zeitungen, den Kommentatoren des Fernsehens und den politischen Essayisten unter Garantie zerrissen«, entgegnete mir Basler.

»Ach, wissen Sie, Andreas, man muss die Kritik dieser Leute ernst nehmen und prüfen. Aber man soll sie auch nicht überbewerten. Keiner von denen hat je eine politische Entscheidung treffen und verantworten müssen. Schon gar nicht eine Entscheidung dieser Art. Wir dürfen vor dem islamistischen Terror auf keinen Fall kapitulieren.«

Nach einer Weile fragte Basler: »Und was bedeutet das nun für unsere Arbeit als Fußtruppen? Ihrer Meinung nach?«

»Andreas. In unserer polizeilichen Praxis passen wir unsere Abwehrmaßnahmen doch auch immer der jeweiligen Gefahrenlage an.«

»Bitte Beispiele.«

»Wenn ich Sie zunächst daran erinnern darf: Bei allen Ihren Alleingängen haben Sie die von Ihnen gewählten Mittel der jeweiligen Situation angepasst.«

»Ja, aber nach unten, deeskalierend.«

»Weil die Gefahr geringer war als behauptet. Jetzt ist die Gefahr größer, als bisher angenommen. Auch das erfordert Anpassung.«

»Ich beharre darauf: Beispiele bitte.«

»Nun gut. Kann es für Terrorverdächtige, die sich schon mehrfach zum ›heiligen Krieg‹ gegen den Westen bekannt haben, eine Unschuldsvermutung geben?«

»Zumindest die, dass sie im konkreten Fall nicht dabei waren.«

»Würden Sie bei der Entscheidung über einen Zugriff auf eine mutmaßliche Bombenwerkstatt von Terroristen dieselben Verdachtsmaßstäbe anlegen wie im Fall des Zugriffs auf ein mögliches Hehlerlager?«

»Nicht dieselben, aber doch strenge Maßstäbe.«

»In die Frage der Verhältnismäßigkeit beziehen also auch Sie die Größe der Gefahr ein?«

Basler schwieg.

»Überlegen Sie sich das gut. So wie ich unsere Lage einschätze, werden Sie in Ihrer Dienstzeit noch oft in solche Situationen kommen.«

Basler schwieg weiter.

»Nächste Frage: Glauben Sie, dass im Kampf gegen Terroristen der Todesschuss, wie wir ihn bei Geiselnahmen kennen, eine Rolle spielen kann?«

»Das kommt auf den Einzelfall an. Bei einer Geiselnahme durch einen Terroristen schon.«

»Würden Sie über die Zulässigkeit eines Todesschusses nachdenken, wenn Ihnen bei einem Einsatz Terroristen gegenüberstehen, die mit Maschinenwaffen und Handgranaten bewaffnet sind?«

»Jedenfalls dann nicht, wenn sie von ihren Waffen Gebrauch machen. Dann befände ich mich in einer klaren Notwehrsituation.«

»Andreas, seien wir doch ehrlich. Die Reaktion des Sicherheitsapparats besteht längst in einer der neuen Gefahr angepassten Ausschöpfung seines Handlungs- und Ermessensspielraums. Der Kampf gegen den islamistischen Terrorismus ist eben etwas anderes als der Kampf gegen eine Diebesbande. Verhältnismäßigkeit kann je nach gegebener Sachlage und Situation sehr Verschiedenes bedeuten.«

Basler reagierte mit Trotz. »Jetzt fehlt nur noch ein Blankoscheck für die Geheimdienste.«

»Ein Blankoscheck nicht, aber wir müssen ihnen helfen, in die eng abgeschotteten Terroristenkreise besser eindringen und als ›Schläfer‹ Verdächtige frühzeitig überwachen zu können.«

»Mit dem, was wir heute unter Rechtsstaat verstehen, wird das alles nur noch wenig zu tun haben.«

»Das ist, verzeihen Sie mir, grundsätzlicher Unsinn. Das kommt auf uns selbst an. Noch einmal: Eine dem Terrorismus angemessene Gefahrenabwehr sichert den Rechtsstaat. Und dabei ist eine der neuen Situation angemessene Handhabung des geltenden Rechts unter gerichtlicher Kontrolle nicht nur flexibler, sondern vielleicht auch wirksamer, als es ›Maßnahmegesetze‹ sein können.«

»Schöne neue Welt!«, rief Basler laut. »Und wir bauen an ihr mit!«

»Das ist richtig«, antwortete ich. »Wir leben und handeln nun mal in der Welt, die wir haben. Wir müssen den Terrorismus bekämpfen, obwohl wir wissen, dass damit allein die Probleme dieser Welt, der islamistische Terrorismus inbegriffen, nicht gelöst werden können.«

»Wissen Sie was, Walter?«, brummte Basler. »Die Sitzungen mit Ihnen sind immer weniger erbaulich.« Damit schraubte er sich von seinem Stuhl hoch, bedankte sich – und ging. Er ließ mich nachdenklich in Ittenbach zurück. Vielleicht hätte ich mich in meinem väterlichen Vortrag doch etwas kürzer fassen sollen. Ob Basler meinen Argumenten überhaupt zugänglich war? Vielleicht manchmal ähnliche Überlegungen anstellte? Ich wusste es nicht und konnte es auch nicht mehr ergründen.

*

Das Verhältnis von Ayse Güntürk und Sara Akşin zu schildern fällt mir schwer. Noch schwerer als für die Beziehung zwischen Ayse und Andreas Worte zu finden. Zu Anfang wusste ich nicht, wie Ayse und Sara zueinander standen. Später habe ich von Basler das Wesentliche erfahren. Kennen gelernt habe ich Sara Akşin erst bei Baslers Beerdigung, dann aber von ihr eine sehr freimütige Schilderung zu hören bekommen. So glaube ich mich beim Schreiben in Baslers Sicht der »Affäre« einfühlen zu können, ohne seine sehr emotionalen Tagebucheintragungen zum Maß aller Dinge zu machen.

In den Wochen, in denen Basler mit dem Sprengstoff-Fall und seinen Nachwirkungen beschäftigt war, hatte Ayse Güntürk beschlossen, ein Gespräch mit Sara Akşin

zu suchen. Als sie eines Tages die Botschaft zur Mittagszeit zusammen verließen, ergab sich eine gute Gelegenheit. Ayse sprach sie an: »Gehen Sie Essen?«

»Ja, und Sie?«

»Ich wollte zum Chinesen um die Ecke gehen. Darf
ich Sie einladen?«

»Gerne«, antwortete die schöne Sara. Sie war offensichtlich nicht im Geringsten erstaunt.

Als sich die Frauen am Tisch gegenübersaßen und bestellten, schaute Ayse die etwa zwanzig Jahre jüngere
Frau verstohlen an. Was war sie schön! Sie ertappte sich
bei dem Gedanken, wie zart es sich anfühlen müsste, sie
zu küssen. Der Gedanke verwirrte sie und brachte sie
dazu, direkt zur Sache zu kommen. »Sara, ich wollte Sie
schon lange einmal fragen: Haben Sie mir vor einigen
Wochen den anonymen Brief geschrieben, um mich vor
Machenschaften in der Botschaft zu warnen?«

Sara lächelte sie ganz unbefangen an. »Ich wusste, dass
Sie es erraten würden. Wir denken ähnlich, glaube ich.
Ich mag Sie! Ich wollte Sie schützen. Sie hätten das im
umgekehrten Fall auch für mich getan.«

»Da bin ich mir gar nicht so sicher«, wich Ayse aus.

»Aber ich«, lächelte Sara.

Als sie anfingen zu essen, trat eine Pause ein. Sie hatten das Gleiche bestellte, worüber beide lachen mussten. Sara viel unbefangener als Ayse. Während der Mahl-
zeit beschränkten sie sich auf Smalltalk. Das Wetter,
die Botschaft, das Leben in Berlin. Ayse registrierte wäh-
renddessen, wie unauffällig elegant Sara gekleidet war.

Vielleicht sollte sie selbst auch mehr auf ihr Äußeres achten. Sara riss sie aus diesen Gedanken. »Sie könnten mir übrigens wirklich helfen, Ayse.«

Ayse schaute sie verwundert an und sagte dann: »Wegen Lissabon?«

»Nein, wegen der Geschichte, die Sie vom Botschafter ja sicher in allen Einzelheiten kennen, bedarf ich keiner Hilfe.«

»Darf ich Sie dennoch etwas fragen?«

»Gerne.«

»Die Studie über die portugiesischen Stadien stammt von Ihrem Freund am Institut für Architektur und Städtebau?«

»Ja.«

»Warum haben Sie dann abgestritten, dass Sie sie kennen und das Magazin und die Kopie der Studie Ihnen gehörten?«

»Ich sehe, Ihr charmanter Freund vom BKA hat Sie en detail unterrichtet.«

»Sie haben ihn, als er Sie im ›Café Colombo‹ ansprach, erkannt?«, wunderte sich Ayse.

»Nein, obwohl er mir irgendwie bekannt vorkam. Aber später habe ich Sie beide zusammen auf dem Flugplatz gesehen, da fiel es mir wieder ein.«

»Sie kennen sich in meinen Lebensverhältnissen ziemlich gut aus!«

»Auch das beruht auf Gegenseitigkeit«, amüsierte sich Sara Akşin. Ihr Lächeln zeichnete entzückende Grübchen auf ihre Wangen.

»Also noch einmal. Warum haben Sie im Café nicht die Wahrheit gesagt?«

»Aber Frau Kommissarin ...«, fing Sara an.

»Ich bin keine Kommissarin.«

»Aber Sie kümmern sich offensichtlich nicht nur um die Sorgen und Schwierigkeiten unserer türkischen Landsleute in Deutschland?«

»Sie interessieren sich ja offensichtlich auch nicht nur für korrekte Übersetzungen beim Wissenschaftsattaché der Botschaft?«

»Das hat das Leben so mit sich gebracht. Noch eine Gemeinsamkeit.«

»Also: Warum haben Sie gelogen?«

»Ich habe nicht gelogen, ich bin nur unnötigen Verwicklungen auf diplomatische Weise ausgewichen. Ich kannte die Kopie, mein Freund Oliver schreibt eine Arbeit über Sportstättenbau. In Portugal hatte er sich die Stadien ausgesucht, die für die Meisterschaftsspiele bestimmt worden waren. Im übrigen interessierte ihn die Europameisterschaft so wenig wie mich. Nachdem vermutlich ein schusseliger Geheimdienstler der Sache einen terroristischen Anstrich gegeben hatte, waren wir beide im Visier der Fahnder. Ich wollte da nicht hineingezogen werden, um keinen Ärger im Dienst zu bekommen ...«

»In welchem Dienst?«, fragte Ayse scheinheilig dazwischen.

»Gute Frage, übrigens auch an Sie. Darüber sprechen wir später. Oliver wollte ich natürlich auch nicht in die Sache hineinziehen.«

»Beides ist Ihnen misslungen.«

»Richtig, aber nur, weil Sie mich identifizieren konnten.«

»Ich war, als ich Ihr Foto sah, im ersten Moment eifersüchtig«, gestand Ayse, ohne recht zu wissen warum.

Sara guckte sie liebevoll an. »Auch dafür mag ich Sie.«

»In Sachen Lissabon brauche ich Ihnen also nicht zu helfen!?«

»Nein, Ayse«, antwortete Sara ernst, »das wissen Sie doch schon seit Ihrem letzten Besuch in Ankara.«

»Wobei soll ich Ihnen dann helfen?«

»Auf einem Gebiet gemeinsamen Interesses.«

»Nämlich?«

»Islamisten in Deutschland, speziell in Berlin.«

»Ich höre«, antwortete Ayse gespannt.

Sara schaute Ayse in die Augen. »Sie kennen hier in Berlin den türkischen Kaufmann Ismail Aslan?«

Ayse war überrascht und versuchte nicht, es zu verbergen.

Mit einer unwirschen Handbewegung fragte sie: »Haben Sie mir schon nachspioniert, bevor Sie angefangen haben, in der Botschaft zu arbeiten?«

»Aber Ayse. Weder spioniere ich Ihnen nach noch habe ich es je getan. Also: Kennen Sie ihn?«

Ayse wählte ihre Worte sorgfältig und begann langsam zu sprechen: »Ich kannte ihn. Aber das liegt schon eine ganze Weile zurück. Irgendwann wurde mir sein Macho-Gehabe zu viel. Seitdem habe ich ihn nur noch bei offiziellen Anlässen getroffen.«

»Ach so war das!«, rief Sara erstaunt. »Das wusste ich nicht. Ich dachte, Sie interessierten sich für ihn, weil er den Islamisten nahe stehen soll.«

Ayse schaute sie ungläubig an. »Den Islamisten? Das kann ich mir kaum vorstellen. Ich habe ihn jedenfalls als einen durch und durch weltlichen und selbstbezogenen Geschäftsmann kennen gelernt.«

»Schade, ich dachte, Sie wüssten mehr über ihn als ich.«

»Was wissen Sie denn über ihn?«

»Er soll ein wichtiger Finanzier der Islamisten in Berlin sein. Zum Beispiel soll er eine Zelle der Muslim-Bruderschaft an der Berliner Humboldt-Universität unterstützen.«

Ayse dachte einen Augenblick nach. Dann sagte sie: »Darüber und über das Islamisten-Umfeld sollten wir in Zukunft öfter sprechen, Sara. Aber nicht hier. Wo können wir uns treffen?«

»Am besten wohl bei mir oder bei Ihnen zu Hause«, meinte Sara mit einem Lächeln. »Wir sind halt befreundete Kolleginnen. Geben Sie aber auch Ihrem Freund vom BKA einen Wink.«

Als die beiden Frauen sich in der Garderobe des Lokals ihre Mäntel anzogen, standen sie plötzlich einander eng gegenüber. Eine Sekunde lang machte sie das verlegen. Doch dann nahm Sara Ayses Kopf in ihre Hände und küsste sie auf den Mund. Bevor Ayse irgend etwas sagen oder auch nur denken konnte, lief Sara aus dem Lokal.

Die verwirrte Ayse ging Sara nicht nach und auch nicht in die Botschaft zurück. Sie wanderte vielmehr ziellos durch die Straßen und versuchte, ihre Gedanken zu ordnen. Sie hatte sich – in Sara verliebt? War es das, was sie fühlte? Nun wusste sie nicht, wie sie damit umgehen sollte – außer, dass sie es Andreas sagen müsse. Aber was eigentlich? Ob es Sara so ging wie ihr, wusste sie nicht genau. Sara hatte sie geküsst und sie hatte sich nicht gewehrt. Es war kein schwesterlicher Kuss gewesen, wie auch? Sie hat mehr Erfahrung mit Frauen als ich, schoss es Ayse durch den Kopf, was ihre Verwirrung steigerte.

Was ihr dienstliches Verhältnis betraf, sah Ayse sich in ihrer Meinung bestätigt, die sie sich nach ihrem letzten Besuch in Ankara gebildet hatte. Sara Akşin wurde von hoher Stelle gedeckt. Es handelte sich um eine Rückendeckung, nicht um Protektion. Vermutlich arbeitete sie in Abstimmung mit dem türkischen Dienst als Quelle für den Mossad in der Abwehr anti-israelischer und antijüdischer Anschläge.

Mehr Sorgen machte sich Ayse, Saras Informationen als richtig unterstellt, wegen Ismail Aslan. Hatte er damals ihre Nähe gesucht, um sie auszuhorchen oder gar für seine Zwecke zu missbrauchen? Zuzutrauen war es diesem »prächtigen« Macho schon. Was hatte er ihr von sich und seinen Geschäften erzählt und was sie ihm von sich und ihrer Arbeit? Dies und jenes, über Terror und Islamisten hatten sie aber mit Sicherheit nie gesprochen. Wollte er prüfen, ob dieser Bereich zu ihrer Arbeit in der Botschaft gehörte? Sie beschloss, den Geschäftsführer eines türkischen Catering-Services, dem sie einmal aus einer Patsche geholfen hatte, zu befragen. Sie wollte in Erfahrung bringen, was der über Aslan wusste. Sie bat den Mann, sich in Ismail Aslans Umfeld gründlich umzuhören. Außerdem musste sie Basler einweihen.

Damit war sie in Gedanken wieder zurück bei Sara, über die sie sich weniger wunderte als über sich selbst. Sie beschloss, zur Botschaft zurückzugehen. Nach ihrer ziellosen Wanderung war das jetzt ein richtiger Fußmarsch.

*

Als die Fußball-Europameisterschaft in Portugal begann, hatte sich am Meldungsbild, das den Geheimdiensten vorlag, nichts geändert. Die Nervosität war zwar noch gewachsen, da Portugal, anders als Spanien, seine Truppen nicht aus dem Irak zurückzog. Aber die Regierung hatte in Sachen innere Sicherheit aufgerüstet. Die Eingriffsmöglichkeiten der Polizei waren erweitert und eine Spezialeinheit zur Abwehr von Terroranschlägen gebildet worden. Auch die Marine hatte Anti-Terror-Aufgaben übernommen. Die NATO stellte zur Sicherung des Luftraums AWACS-Maschinen bereit und die Staaten der Europäischen Union hatten Polizeikräfte zur Unterstützung ihrer portugiesischen Kollegen abgeordnet.

Die Gemeinden und Gruppen der vorwiegend aus Afrika und Asien stammenden etwa dreißigtausend Muslime in Portugal wurden ihrem Ruf gerecht, loyal zu sein. Auch sonst herrschte Ruhe. – Die britischen Hooligans hatte die Polizei im Griff.

Die Spiele endeten dann so friedlich wie sie begonnen hatten, zur Freude auch des BKA. Das schlechte Abschneiden der deutschen Nationalmannschaft beschäftigte die BKA-Leute nur am Rande.

Die Aufmerksamkeit der europäischen und internationalen Sicherheitsdienste richtete sich nun mehr und mehr auf das nächste große sportliche Weltereignis, die Olympischen Spiele in Athen, die in der zweiten Augusthälfte beginnen sollten.

Von islamistischen Anschlägen war Griechenland bisher verschont geblieben. Doch es liegt nun einmal dicht an den Krisenherden im Nahen und Mittleren Osten. Und im Irak war das von der Bush-Regierung angerichtete Chaos durch Folterungen und sogar Tötungen von Irakern in amerikanischen Militärgefängnissen wie durch Geiselnahmen und »Hinrichtungen« von Ausländern durch Aufständische und Terroristen noch gewachsen.

Die Weltöffentlichkeit wurde auf das Thema »Sicherheit der Olympischen Spiele« erst aufmerksam, als in der ersten Maihälfte in Athener Vororten Sprengsätze vor einer Polizeistation und einer Bank explodierten. Für die Sicherheitsdienste wie für die Bevölkerung in Griechenland war diese Art kleiner Anschläge, die meist nur Sachschaden anrichteten, Teil einer anarchistischen Tradition radikaler Randgruppen im Lande. Über die internationale Reaktion war man daher erstaunt. In der für die Olympischen Spiele gebildeten Arbeitsgruppe forderten ausländische Sicherheitsexperten wiederholt ein strengeres Durchgreifen. Sie hatten Sorge, die Hinnahme kleinerer Anschläge könne die El Kaida zu größeren Aktionen ermuntern.

In manchen Teilnehmerstaaten begann eine Diskussion darüber, wie man die jeweils eigene Olympia-Mannschaft besser schützen könne. Das Trauma der Geiselnahme von München 1972, bei der elf israelische Geiseln starben, war wieder präsent: Die Vorschläge reichten von einem Rückruf der Sportler sofort nach Beendigung ihrer Wettkämpfe bis zur Bereitstellung von Sondermaschinen für den unverzüglichen Rückflug in einem Ernstfall. Die Gefahr von Anschlägen gegen Stadien hatten die griechischen Sicherheitsbehörden mit den portugiesischen und deutschen Kollegen weiter diskutiert. Die Antworten blieben aber unbefriedigend, zumal ein Teil der griechischen Olympia-Bauten hundert Tage vor Beginn der Spiele noch gar nicht fertiggestellt war.

Auch die Vorbereitungen für die Fußball-Weltmeisterschaft in Deutschland liefen weiter. Das BKA ging Fragen der Stadionsicherheit wiederholt mit den zuständigen Behörden und mit den Verantwortlichen des Organisationskomitees durch. Viele »menschliche« Faktoren waren zu berücksichtigen: die Sportler samt ihrer Trainer und Betreuer; die Funktionäre der Sportverbände und der WM-Organisationen; das Personal in den Stadien; die Medienvertreter, vor allem die Fernsehleute mit ihrem schweren Gepäck; und nicht zuletzt die Abertausenden von Zuschauern. Welche verheerenden Folgen eine Panik unter ihnen haben konnte, war allen Verantwortlichen bewusst.

Der unter Leitung von Andreas Basler gebildeten »Weltmeister«-Gruppe lag inzwischen sowohl das portugiesische als auch das von ihr selbst in Auftrag gegebene Gutachten zur möglichen Wirkung eines Angriffs mit chemischen oder biologischen Waffen auf Sportstadien vor. Danach würde die Wirkung zwar geringer sein als in geschlossenen Räumen, zum Beispiel in Bahnhöfen oder U-Bahnhöfen, auf jeden Fall aber schwer genug, um eine Panik auszulösen und viele Opfer zu fordern. Einerseits sei zu bedenken, dass derartige Substanzen von den Terroristen inzwischen nicht nur beschafft, sondern vielleicht sogar selbst hergestellt werden könnten. Andererseits gelte es zu berücksichtigen, dass eine, allerdings nicht leicht zu bewerkstelligende, Vergiftung oder Verseuchung des Trinkwassers von Großstädten weit mehr Opfer fordern und daher eine weit größere terroristische Wirkung erzielen würde als ein Angriff auf ein vollbesetztes Fußballstadion.

Die Recherchen der Basler-Gruppe richteten sich, in enger Abstimmung mit den europäischen und internationalen Sicherheitsdiensten, nunmehr auch auf die mögliche Beschaffung chemischer und biologischer Substanzen. Man erkundete Bezugsquellen, Vertriebswege und Lagerstätten. Hinsichtlich der Einsatzmöglichkeiten solcher Waffen schien weiterhin die Verwendung von Gefechtsfeldraketen am wahrscheinlichsten.

*

Ayse besuchte Sara an einem Wochenende. Sie hatte lange gezögert, da sie vor dem, was sie sich wünschte, zugleich Angst hatte. Sie hätte Sara lieber zu sich eingeladen, unterließ dies aber mit Rücksicht auf Andreas, der während seiner Berlin-Besuche nun immer bei ihr wohnte. Mit Herzklopfen klingelte sie am Samstagnachmittag an Saras Wohnungstür. Die empfing sie, in einen wunderschönen Seidenkimono gehüllt, ebenso fröhlich wie herzlich. Nachdem sie Ayse durch ihre Wohnung geführt hatte, setzte sie sich zu ihr aufs Sofa und servierte Tee. Ayse begann über Dienstliches zu sprechen. Das hatte sie sich fest vorgenommen. Sie habe sowohl dem Botschafter wie Ankara von der geplanten Zusammenarbeit berichtet und von beiden Seiten grünes Licht erhalten.

»Fein«, antwortete Sara, »das Gleiche gilt für mich. Aber: Um mir das zu sagen, bist du ja nicht hergekommen.«

Sie lächelte Ayse an, die, um ihr Thema gebracht, schwieg. Dann zog sie sie sanft zu sich und begann, sie erst zärtlich, dann heftiger zu küssen. Ayse versuchte, passiv zu bleiben. Doch als Sara den Kimono auszog, konnte sich auch Ayse nicht mehr beherrschen. Sie war vom Anblick Saras so hingerissen, dass sie deren Küsse leidenschaftlich erwiderte. Wenn Ayse später an dieses erste Mal zurückdachte, glaubte sie, eine weiße Marmorstatue gesehen zu haben. Doch als sie jetzt Saras schönen Körper streichelte und küsste, schmeckte der gar nicht nach Marmor. Sara konnte Ayses Leidenschaft nur mit Mühe bremsen. Erst zog sie die Beine an, dann stand sie auf.

Ayse stand ebenfalls auf, um sich auszuziehen. Doch Sara hielt ihr die Hände fest. »Bitte lass mich das machen. Seit dem Kuss neulich in der Garderobe habe ich jede Nacht davon geträumt, deine dunkelhäutige Pracht zu enthüllen.« Erregt zog sie Ayse die Jacke aus und begann, deren Bluse aufzuknöpfen. Ayse ging das nicht schnell genug. Doch Sara bestand darauf, es langsam zu tun. Sie öffnete Knopf für Knopf, schaute Ayse dabei liebevoll an und küsste immer wieder ihren Mund. Beim Ausziehen des BHs ließ sie sich zunächst ebenfalls Zeit. Doch als sie schließlich Ayses wohlgeformte Brüste nackt in ihren Händen hielt, war es mit den Freuden der Langsamkeit vorbei. Sie küsste Ayses Brustwarzen mit den großen, rotbraunen Höfen immer wilder. Dann umschlang sie Ayse, küsste deren Hals und drückte ihre festen, weißen Brüste gegen Ayses dunkle Haut. In Sturm und Drang stolperten die beiden Frauen ins Schlafzimmer.

Als sie nach einer langen Liebesnacht am Sonntagmorgen erwachten, fühlte sich Ayse glücklich, aber auch verlegen. Als Sara sie damit liebevoll aufzog, sagte sie nur: »Anders als für dich ist es für mich das erste Mal, dass ich mich in eine Frau verliebt habe.«

»Für mich gab es auch ein erstes Mal. Ich verachte Männer nicht. Aber kein Kerl kann so schön und so zärtlich sein wie eine Frau.«

Sie begann, Ayse erneut zu küssen, aber als sie sich deren Brüsten näherte, zog die zur Abwehr ihre Arme hoch. »Ich muss nachher Andreas anrufen und ihm sagen, dass ich bei dir bin.«

»Du liebst ihn sehr?«

»Ja. – Schläfst du mit deinem Oliver?«

»Gelegentlich. Aber Frauen geben mir mehr. Besonders Frauen, die zugleich stark und zärtlich sind, wie du.«

»Mir gibt Andreas viel, sehr viel. Ich bin nicht ganz sicher, wie er reagieren wird.«

»Wenn er dich liebt, wird er mich dir gönnen. In Lissabon im ›Café Colombo‹ habe ich ihm offensichtlich gefallen. Und ich will dich ihm ja nicht wegnehmen. Ich will mich nur an dir erfreuen und dir eine zusätzliche, eine neue Freude schenken.«

»Ich rufe ihn nachher an.«

»Gut, dann mache ich uns jetzt Frühstück, ein kräftiges Frühstück. Tee oder Kaffee?«

»Tee.«

»Noch eine Gemeinsamkeit!«

Frisch geduscht genossen die beiden bald darauf ihr Frühstück, ohne viel zu reden. Es reichte ihnen aus, sich anzusehen und anzulachen. Schließlich bat Sara Ayse, ihr die Geschichte von sich und Andreas zu erzählen. Dass sie in ihrer Jugend nicht richtig zusammengefunden hatten, wohl aber jetzt, fand sie ebenso traurig wie schön. Sie selbst sei in einer von Männern dominierten Familie aufgewachsen, in der Mehrzahl waren es Naturwissenschaftler, aber auch zwei oder drei Unternehmer darunter. Diese Männer hätten für ein Mädchen wie sie keinen Sinn gehabt. Ihre meist kranke Mutter sei ihr fremd geblieben. Bei ihrer besten Schulfreundin habe sie dann

Verständnis und schließlich auch große Zärtlichkeit gefunden. Zwar habe sie im Laufe der Jahre auch Männer zu Freunden gehabt, ihre Vorliebe für Frauen sei aber geblieben.

Später rief Ayse Basler in Köln an: »Hallo Andreas!«

»Ja, hallo«, antwortete Basler, erfreut ihre Stimme zu hören. »Ich habe schon mehrfach versucht dich zu erreichen. Wo steckst du?«

»Bei Sara.«

»Bei Sara?«

»Ja, schon seit gestern Abend.«

»Schon seit gestern Abend?«

»Ja, wir haben uns – ineinander verliebt.« Und dann, da Andreas nicht antwortete: »Kannst du mich verstehen?«

»Ja, schon, jedenfalls akustisch. Äh, gib mir etwas Zeit, das zu begreifen. Ihr habt euch verliebt? Es überrascht mich.«

»Mich auch.«

»Verstehe.«

»Du hast doch in Lissabon selbst von Saras Schönheit geschwärmt.«

»Ja, aber natürlich nicht damit gerechnet, dass *du* dich in sie verlieben würdest.«

»Sie hat mich verführt.«

Basler lachte: »Sie hätte auch mich verführen können, im ›Café Colombo‹ ging das aber nicht.«

»Mach jetzt keine Witze. Ich bin ganz aufgewühlt.«

»Ayse, ich komme dich bald besuchen.« Basler schwieg eine Weile und ergänzte dann leise: »Ich werde versuchen, zu euch beiden nett zu sein.«

»Das kommt überhaupt nicht infrage«, rief Ayse heftig in den Telefonhörer. »Ich würde auf euch beide total eifersüchtig sein und euch umbringen!«

Sara tippte ihr auf die Schulter. »Mach jetzt kein Drama daraus, lass ihn doch kommen.« Dann sprach sie ins Telefon: »Sie sind herzlich eingeladen. Ich nehme Ihnen Ayse nicht weg!«

»Wehe wenn«, drohte Basler und ließ sich noch einmal Ayse geben. »Ayse, wir besprechen das, wenn ich wieder bei dir in Berlin bin. Vergiss mich nicht ganz. Ich liebe dich.« Damit legte er auf.

Sara nahm Ayse in die Arme. »Ich bin zwar jünger als du, aber ich kenne solche Situationen. Es wird sich schon alles finden.«

»Hoffentlich«, seufzte Ayse.

»Im übrigen«, Saras Ton machte klar, dass sie jetzt nicht zu ihrer Geliebten, sondern zu ihrer Kollegin sprach, »wir brauchen deinen Andreas auch dienstlich. Wir beide, du und ich, werden zusammen sicher vieles über Aslan und seine Geschäfte, seine Umgebung und seine Umtriebe herausfinden. Aber um Erfolg zu haben, brauchen wir das Bundeskriminalamt. Insbesondere wenn wir mehr über die islamistischen Studentengruppe an der Universität erfahren wollen, die angeblich von Aslan finanziert wird.«

Ayse war froh, zu den dienstlichen Themen zurückzukehren, mit denen sie zu Beginn ihres Besuchs angefangen hatten. Das erleichterte ihr den Abschied. »Hast
du deine Informationen von Oliver?«, fragte sie Sara.

»Nein, die habe ich von unseren Leuten. Oliver interessiert sich nur für seine Architektur.«

»Und gelegentlich für dich.«

»Das habe ich dir ja schon gestanden. Und was dich
und Andreas betrifft: Du bist seine Lebensgefährtin und
meine Geliebte.«

Die Frauen verabschiedeten sich mit einem langen,
zärtlichen Kuss voneinander.

*

Zu Pfingsten, als Basler wieder bei Ayse in Berlin war,
drehten sich ihre Gespräche nur um Sara. Ayse war zu
Andreas besonders zärtlich, versuchte aber nicht, sich zu
erklären. Das war auch nicht nötig. Basler hörte und sah
auch so, wie verliebt sie war. Er schlug vor, die private
und die dienstliche Angelegenheit getrennt zu besprechen.

Ayse erklärte ihm, weder wolle sie Sara aufgeben, das
könne sie nicht, noch eine *liaison à trois* daraus werden
lassen. Als er abwehrend die Hände hob, meinte sie: »Erzähl mir nicht, dass du an so etwas gar nicht denkst. Du
warst schon in Lissabon scharf auf sie.«

»Ich bin scharf auf dich, wenn auch ich mich einmal
dieser Macho-Ausdrucksweise bedienen darf.«

»Darfst du. Du darfst auch sonst alles. Auf dich will ich schon gar nicht verzichten. Du musst stark sein und mich immer beschützen, hörst du! Aber so schön und zärtlich wie Sara kannst du nicht sein.« Sie sah ihm in die Augen und küsste ihn.

»Sie hat keinen Freund?«

»Doch, gelegentlich schläft sie auch mit ihm. Aber die große Liebe scheint es nicht zu sein.«

»Und was nun?«

»Ich bitte dich – und sei es nur versuchsweise – zu akzeptieren und zu tolerieren, dass ich manchmal zu ihr gehe.«

»Du zu ihr?«

»Ja. Ich zu ihr. In unsere Wohnung lasse ich sie nicht.«

»Gut zu hören. Vermutlich wird die Anti-Terrorismus-Abteilung doch noch von Meckenheim nach Berlin verlegt. Dann könnten wir uns hier eine größere gemeinsame Wohnung suchen – das wollte ich jedenfalls vorschlagen.«

»Das wäre toll. Dann wäre ich nicht mehr so oft allein.«

»Vielleicht genüge ich dir dann und du brauchst Sara gar nicht mehr?«

»Das weiß ich nicht. Ich kann es dir nicht versprechen. Aber du kannst, wenn du mich wieder einmal suchst, immer bei Sara anrufen.« Sie gab ihm die Nummer.

Basler war klar, dass das Problem, vor dem er und Ayse standen, nicht mit Worten zu lösen war. So schlug er vor, zum dienstlichen Teil der »neuen Verbindung« überzugehen.

»Meine Bosse haben mir für die Zusammenarbeit in Sachen islamistischer Terrorismus grünes Licht gegeben«, begann Ayse. »Sie wussten ja ohnehin, was Sara in der Botschaft tut.«

»Erzähl es mir noch einmal.«

»Sie hält ›nebenberuflich‹ die Augen wegen anti-israelischer und anti-jüdischer Aktivitäten unter den Muslimen in Deutschland auf. Ich nehme an, es handelt sich um ein Geschäft auf Gegenseitigkeit mit dem Mossad. Unsere eigenen Dienste sind ja immer noch stark auf das Kurden-Problem fixiert.«

»Mit dem Mossad?«

»Ja. Unsere Militärs und unsere Geheimdienste arbeiten seit Jahren eng mit den Israelis zusammen.«

»Dann sind BND und Verfassungsschutz eure Gesprächspartner. Das BKA ist auf Strafverfolgung beschränkt. In Sachen Aslan, Saras Hinweise sind ziemlich schwach, haben wir den Verfassungsschutz eingeschaltet. Was wir bisher wissen, reicht für die Einleitung eines Ermitlungsverfahrens nicht aus. Die Beobachtung muss also weitergeführt werden.«

»Gut, dann kann ja auch unsere Zusammenarbeit weitergehen. *Das* Dreiecksverhältnis akzeptiere ich.«

Die Nacht mit Ayse war besonders schön. Basler hatte das Gefühl, sie sei noch leidenschaftlicher, aber auch noch zärtlicher als sonst. Sie gab wohl ihr Glück mit Sara an ihn weiter. Als Basler am Morgen aufwachte, fühlte er sich bedrückt. Mit einer heftigen Bewegung weckte er Ayse auf.

»Was ist los?«, fragte sie verschlafen.

»Nichts«, antwortete er leise. »Ich hatte nur einen seltsamen Traum.«

»Erzähl!«

»Wozu?«

»Nun mach schon!«

Basler überlegte eine Weile und begann dann zu erzählen. »Ich fuhr im Zeitlupentempo auf die Gabelung einer Landstraße zu. An der linken Abzweigung standst du in einem sommerlichen Kleid und gabst mir lächelnd ein Anhalter-Zeichen. An der rechten Abzweigung stand eine schwerbewaffnete Gestalt in schwarzem Kampfanzug, mit Helm und Stiefeln, die mich zu sich heranwinkte. Ich konnte die Person in diesem Aufzug nicht erkennen, aber ich wusste instinktiv: Auch das warst du.«

»Welchen Weg hast du genommen?«, fragte Ayse.

»Ich fuhr rechts auf die martialische Gestalt zu, um mich zu vergewissern. Aber dann verschwand das Bild plötzlich.«

Ayse schlug die Bettdecke zurück und setzte sich auf die Bettkante. Wie schön sie ist, dachte Basler. Ihr dunkelhäutiger Körper, ihr volles schwarzes Haar, ihr schlanker Hals, die vollen, fast jugendlich straffen Brüste! Er wollte sie wieder ins Bett ziehen. Aber sie stand auf und zog etwas verwirrt ihren Morgenmantel an. »Ich mache uns jetzt einen Kaffee.«

Am Frühstückstisch herrschte zunächst Schweigen. Schließlich murmelte Ayse: »Du hast mich als Todes-, nicht als Lebensengel gewählt.«

»Wie kannst du so etwas sagen!«

»Du verstehst nichts von Träumen, weil du nur ans eigene Tun und nicht ans Schicksal glaubst. Ich bin zu Tode erschrocken.«

»Ich Idiot. Ich hätte dir den Traum nicht erzählen sollen.«

»Nein, Andreas. Es war gut. Ich habe dir ja auch alles über Sara erzählt.«

»Was hat das miteinander zu tun?«

»Vielleicht mehr als du denkst.«

»Ich glaube, es hat eher was mit einem Gespräch zu tun, das ich vor einiger Zeit mit meinem alten Freund Kuhlmann geführt habe. Es ging um die Frage, ob der Kampf gegen den islamistischen Terrorismus eigentlich noch eine normale Strafverfolgung ist oder nicht doch schon eine Art von Krieg.«

»Wenn ich mir euer Theater mit dem ›Kalifen von Köln‹ betrachte, würde ich sagen: eine seltsame Strafverfolgung. Wenn ich mir aber die in peinlicher Weise christlich-fundamentalistisch überhöhte Rhetorik des Herrn Bush und seiner Entourage anhöre, dann fürchte ich, wir sind in Gefahr, in einen Glaubenskrieg zu schlittern.«

Basler betrachtete Ayse lange. Dann stand er vom Frühstückstisch auf, küsste sie und sagte: »Ich gehe wieder an die Arbeit.«

*

Während der Europameisterschaft in Portugal und in den Wochen danach hatten die Sicherheitsbehörden in Berlin Fortschritte bei ihren Ermittlungen in Sachen der Islamisten-Gruppe an der Universität und damit verbunden im Fall Aslan gemacht.

Ismail Aslan besaß eine Villa im Grunewald und ein großes Büro in der Nähe des Berliner Zoos. Außerdem gehörte ihm ein Grundstück am Grimnitzsee in der Gegend von Joachimsthal, nicht weit von der polnischen Grenze entfernt. Auf dieses Grundstück in Brandenburg lenkten die Fahnder ihr besonderes Augenmerk. Es umfasste das Gelände eines stillgelegten Tonwerks, in dem zu DDR-Zeiten Röhren und Platten produziert worden waren. Neben der Fabrik stand ein großes Haus, in dem einst die Arbeiter mit ihren Familien gewohnt hatten. Aslan hatte das Haus völlig renovieren lassen. Zunächst hatte es den Anschein gehabt, so ergab die Befragung von Anwohnern, als ob er auch das Werksgebäude wieder herrichten lassen wollte. In dem Gebäude wurde wochenlang gearbeitet, doch schließlich stellte man die Arbeiten ein. Offenbar hatte Aslan es sich anders überlegt. Zu seiner Handelsorganisation, die mit dem Export deutscher und dem Import türkischer Waren viel Geld verdiente, hätte ein Tonwerk auch nicht recht gepasst. Die Fahnder stellten fest, dass die Baufirma, die das Wohnhaus renovierte, auch die Brennöfen im Werksgebäude demontiert hatte. An ihrer Stelle waren Lagermöglichkeiten geschaffen worden. Mehr war nie geplant gewesen. Frachtverkehr zu dem Grundstück konnten die Fahnder während ihrer Beschattung nicht beobachten.

In dem Wohnhaus lebten jetzt Ausländer mit ihren Familien. Zwei der Männer hatte Aslan als Hausmeister und Bewacher eingesetzt. Einige der Männer und Frauen arbeiteten in der Landwirtschaft der Umgebung. Der Rest lebte von Sozialhilfe. Die Kinder der Familien besuchten die nächstgelegene Dorfschule. Den Fahndern wurde nicht klar, für welche Zwecke Aslan all diese Investitionen getätigt hatte.

Anderes galt für ein Antiquitätengeschäft in Berlin-Wilmersdorf, auf das die Polizei bei ihren Recherchen stieß. Von dort aus wurde ein weltweiter Handel mit antiken Kunstwerken aus der Türkei und dem Nahen und Mittleren Osten betrieben. Geschäftsführer war ein Jordanier, der über dem Laden wohnte. Die Belegschaft bestand aus Muslimen unterschiedlicher Herkunft. Das Geschäft florierte, hatte aber unter Insidern keinen sehr guten Ruf. In Museumskreisen wurde gemunkelt, über das Geschäft seien Kunstwerke in den Schwarzhandel gebracht worden, die aus den großen Plünderungen im Irak nach dem Zusammenbruch des Saddam-Hussein-Regimes stammten. Andere Kreise verbreiteten Gerüchte, die Museumsleute, die sich so kritisch äußerten, hätten selbst solche Stücke erworben. Die Sicherheitsbehörden beschlossen, die Beobachtung fortzuführen und auf Finanztransaktionen der Firmen Aslans, insbesondere des Antiquitätengeschäfts, auszudehnen. Waren Gelder Aslans auf diesem Wege an islamistische Gruppen geflossen?

Über die islamistische Gruppe an der Humboldt-Universität, die angeblich von Aslan finanziell unterstützt wurde, besaß der Verfassungsschutz bereits Informationen. Die Gruppe bestand aus einem festen Kern von Mitarbeitern im akademischen Mittelbau und in der Universitätsverwaltung. Um diesen Kreis herum gab es einen Ring von Studenten, dessen Zusammensetzung mittelfristig wechselte. Er leistete für die Kerntruppe offenbar nur Hilfsdienste. Die Gruppe trug keinen Namen und trat in der Universitätsöffentlichkeit nicht auf. Einzelne ihrer Mitglieder hatten aber in früheren Tagen geäußert, sie stünden in der Tradition der Muslim-Bruderschaft. Das hatte die Aufmerksamkeit des Verfassungsschutzes auf den Kreis gelenkt.

Die 1928 in Ägypten gegründete Bruderschaft war die wohl älteste Islamisten-Gruppe überhaupt. Sie hatte gegen die britischen Kolonialherren und deren einheimische Marionetten gekämpft und war nach dem Zusammenbruch des Kolonialregimes weiter gegen westlichen Modernismus und Sittenverfall zu Felde gezogen. Manche ihrer Führer waren ursprünglich islamische Liberale und Reformer gewesen. Aus Studienaufenthalten im Westen, vor allem in den USA, waren sie aber als Verächter des Westens und glühende Islamisten in ihre Heimatländer zurückgekehrt. Dieser Traditionslinie gehörte auch Scheich Omar Abdal Rahman an, der Theoretiker des »Dschihadismus«, der Jahrzehnte später für den ersten Angriff auf das New Yorker World Trade Center im Jahr 1993 verantwortlich gemacht worden war. Manche

Beobachter der islamistischen Szene hielten daher westliche Universitäten und nicht die Armenviertel islamischer Großstädte für die wichtigsten Brutstätten islamischer Terroristen. Die Lebensläufe der Attentäter vom 11. September 2001 schienen das zu bestätigen.

Der Verfassungsschutz unterrichtete die Polizeibehörden von seinen Erkenntnissen und benannte einen Verbindungsmann zum BKA, speziell auch zu Baslers Gruppe »Weltmeister«. Die Wahl fiel auf einen jungen Beamten, der sich im Berliner Universitätsleben gut auskannte.

Die ersten Recherchen über Geldbewegungen aus und in den Unternehmensbereich Aslans führten weder zu der Uni-Gruppe noch zu anderen Islamisten. Offiziell hatte Aslan für die neue Sehitlik-Moschee in Neukölln 100 000 Euro gespendet. Außerdem bedachte er einige türkische Moscheen-Gemeinden und Sozialeinrichtungen mit regelmäßigen Zuwendungen.

*

Inzwischen liefen die Olympischen Spiele in Athen. Der Sicherheitsaufwand für sie war enorm. 70 000 Soldaten und Polizisten waren aufgeboten worden. Die NATO hatte eine Spezialeinheit zur Abwehr von Anschlägen mit ABC-Waffen gestellt und wieder überwachten NATO-AWACS-Flugzeuge den Luftraum.

Trotz dieser eher martialischen Begleiterscheinungen wurden die Olympischen Spiele in Athen schöne Spiele, wenn auch von Doping-Skandalen überschattet. Entgegen den Befürchtungen vieler blieben sie friedlich. Lediglich einige örtliche anarchistische Splittergruppen machten durch Randale im Athener Vergnügungsviertel in der letzten Nacht der Olympiade von sich reden.

Nachdem es weder bei der Fußball-Europameisterschaft in Portugal noch bei den Olympischen Spielen in Griechenland zu terroristischen Anschlägen gekommen war, verengte sich die Sicherheitsdiskussion auf die immensen Kosten, die für beide Veranstaltungen aufgewandt worden waren. Allein für die Olympiade wurde eine Summe von etwa 1,2 Milliarden Euro genannt. Konnte das so weitergehen?

Bei den deutschen Sicherheitsbehörden wurde eine Zwischenbilanz gezogen. Die Anspannung ließ etwas nach. Sie hatten zwar die Fußball-Weltmeisterschaft noch vor sich, aber doch erst in anderthalb Jahren.

*

Basler, der mit seiner Gruppe inzwischen nach Berlin versetzt worden war, nutzte die Atempause, um mit Ayse in der Stadt eine gemeinsame Wohnung zu suchen. Sie fanden im Bayerischen Viertel eine großzügig geschnittene Altbauwohnung. Doch kurze Zeit später war die Ruhepause schon wieder vorbei.

Der olympische Frieden wurde Anfang September durch einen tschetschenisch-islamistischen Terroranschlag auf eine Schule im nordossetischen Beslan jäh

120

beendet. Hunderte von Kindern und Erwachsenen kamen um. In Jakarta traf ein Terrorangriff die australische Botschaft. Und auch in Deutschland hielt der internationale Terrorismus die Sicherheitsbehörden in Atem.

Ende September nahm die Berliner Kripo einen libanesischen Studenten fest, der nach ihren Ermittlungen in den Drogenhandel verstrickt war. Vom Verfassungsschutz erhielt die Kripo die Information, dass der junge Mann zu dem Studenten-Ring gehöre, der für die islamistische Gruppe an der Universität Hilfsdienste leiste.

Die Vernehmungsbeamten setzten den Verdächtigen unter Druck. Sie behaupteten, dass er nach seiner Verurteilung aus Deutschland ausgewiesen werden würde. Sie könnten beweisen, dass die Einnahmen aus seinen Drogengeschäften in die Kasse der Uni-Gruppe geflossen seien, bei der es sich um eine terroristische Vereinigung handele. Er könne seine schwierige Lage nur dadurch verbessern, dass er auspacke.

Als dem Verhafteten nach tagelangen Verhören klar geworden war, dass die Polizei genügend Beweismaterial hatte, ihn zu überführen, begann er zu reden. Die Gruppe an der Humboldt-Universität bestehe seit etwa drei Jahren und verstehe sich als eine Art Unterstützungskommando für mögliche Attentate und Anschläge. Sie habe Kontakte zur El Kaida und bereite sich – so seine Beobachtungen – auf vielfältige Weise auf zukünftige Aufträge vor. Die Mitglieder unterzögen sich einem harten körperlichen Training, unternähmen Schießübungen und bekämen Unterricht im Umgang mit Sprengstoffen.

Die Gruppe habe ihn bei seinen Drogengeschäften gegen Ablieferung von achtzig Prozent seiner Einnahmen unterstützt. Im Grunde sei es nicht sein, sondern ihr Geschäft gewesen. Der Drogenhandel sei aber nicht die finanzielle Hauptquelle der Gruppe. Ob Ismail Aslan zu ihren Geldgebern gehöre, konnte er nicht sagen. Angeblich kannte er ihn nicht.

Bei diesem Stand der Ermittlungen schaltete das Landeskriminalamt die Terrorismusspezialisten des Bundeskriminalamts ein. Nach eingehender Beratung beschloss man, die Uni-Gruppe nicht gleich auffliegen zu lassen, sondern zunächst noch enger zu überwachen. Die Vernehmer sollten die Zeit nutzen, um von dem in Untersuchungshaft sitzenden Studenten weitere Informationen zu erhalten. Er müsse, nachdem er geredet habe, die Rache der Gruppe mehr fürchten als das Ergebnis eines gegen ihn in Deutschland eingeleiteten Strafverfahrens. Damit konfrontiert gab der Mann weitere Informationen preis.

In einer Woche erwarte man einen El-Kaida-Kurier, der die Nummer 1 der Uni-Gruppe treffen wolle. Ob er einen Einsatz-Auftrag mitbringen werde, wisse die Gruppe nicht, schon gar nicht, um welche Art von Auftrag es sich handeln könnte. Der Kurier sei ein Saudi, sein Klarname sei weder ihm noch der Gruppe bekannt. Sein Spitzname sei »Der Falke«. Der Name, unter dem er einreisen werde, laute phonetisch so ähnlich wie »Dschihad«. Diese detaillierten Angaben ließen die Vernehmer daran zweifeln, es nur mit einem Mitläufer zu tun zu haben. Sie begannen sich zu fragen, ob der Mann nicht selbst zur Kerntruppe gehöre und sie lediglich auf eine falsche Fährte locken wolle. Nach einigem hin und her entschieden sie sich jedoch, die Informationen ernst zu nehmen.

Im Fahndungs-Computer fanden sie unter dem angegebenen Spitznamen eine genauere Personenbeschreibung, ohne allerdings zu wissen, ob es sich wirklich um ihren Mann handelte. Er sei ein Saudi, zweiundvierzig Jahre alt, und habe schon mit Osama Bin Laden in Afghanistan gekämpft. Die Amerikaner hatten ihn in Verdacht, 2002 an dem Anschlag auf den US-Zerstörer »Cole« im Hafen von Aden beteiligt gewesen zu sein.

Bei seiner Ankunft auf dem Flugplatz in Frankfurt Mitte Oktober konnte der Mann vom Bundesgrenzschutz identifiziert werden. Unauffällig wurde er auf seinem Weiterflug nach Berlin begleitet. Dort übernahm die Kripo die Beschattung.

Der Saudi fuhr mit einem Taxi direkt zum Hauptgebäude der Humboldt-Universität. Auf dem Campus-Gelände traf er sich in der Öffentlichkeit der zu dieser Tageszeit schwach besuchten Mensa mit der Nummer 1, die von zwei Männern – offensichtlich Leibwächter – begleitet wurde. Beide seien bewaffnet, meldeten die Kollegen, die den Anführer der Gruppe beschatteten. Der Kurier übergab keine Papiere, die Nummer 1 machte sich keine Notizen, ihre Unterhaltung wurde immer wieder von Lachen unterbrochen. Es sah wie ein Kaffeehaus-Klatsch aus.

Basler, den das BKA für diesen Fall abgestellt hatte und der mit dem Sondereinsatzkommando durch Funk verbunden war, sah sich das Treffen von einem entfernt stehenden Tisch aus an. Als sich Männer des SEK von verschiedenen Seiten dem Tisch mit den vier Verdächtigen näherten, zogen die beiden Begleiter der Nummer 1 unvermittelt ihre Pistolen und begannen, auf die Beamten zu schießen. Diese erwiderten das Feuer. Auch Basler griff in das Gefecht ein. Er wurde getroffen und stürzte zu Boden. Ein Mann des Kommandos wurde an der Schulter verletzt. Die beiden Bodyguards waren tot. Sie hatten durch ihre wilde Schießerei offenbar den beiden Hauptverdächtigen die Flucht aus der Mensa ermöglichen wollen. An der Mensatür liefen diese aber einem weiteren Einsatztrupp in die Arme. Die Verhaftung der übrigen Gruppenmitglieder, die zeitlich auf den Zugriff abgestimmt war, klappte ebenfalls.

Der Saudi machte vor den Vernehmungsbeamten weder Angaben zur Person noch zur Sache. Er schwieg sich aus. Seine Identifizierung konnte er dadurch allerdings nicht verhindern. Vom FBI übermittelte Daten ließen keine Zweifel mehr daran, dass den Einsatzkräften in Berlin tatsächlich der »Falke« ins Netz gegangen war. Kaum bestand Gewissheit darüber, begann das Tauziehen mit den amerikanischen Behörden um seine Auslieferung.

Die Mitglieder der Uni-Gruppe wurden der Gründung einer terroristischen Vereinigung angeklagt, ihre Nummer 1 wegen des Waffengebrauchs seiner Leibwächter zusätzlich der Anstiftung zum Mord.

Abgerundet wurde der Erfolg des Unternehmens durch die Erkenntnisse, die die Ermittler aus zahlreichen Unterlagen gewannen, die in den Wohnungen der Gruppenangehörigen sichergestellt werden konnten. Hinweise auf Beziehungen der zerschlagenen Gruppe zu Ismail Aslan waren nicht darunter. Die Freude der beteiligten Beamten wurde durch die Verletzung ihrer beiden Kollegen erheblich getrübt. Besonders Basler hatte es übel erwischt.

*

Der Rettungsdienst hatte Basler vor Ort versorgt und dann in die Charité gebracht. Eine Pistolenkugel hatte sein linkes Hüftgelenk getroffen und war stecken geblieben. Ein zweites Projektil war etwas weiter oben in den Bauch eingedrungen und hatte dabei zwei Rippen verletzt. Zwar hatten die Rippen die Durchschlagskraft der Kugel vermindert, es gab keinen Ausschuss, nach dem hohen Blutverlust zu urteilen hatte die Kugel aber innere Organe verletzt. Daher wurde sofort ein Notoperation durchgeführt. Basler hatte Glück gehabt: Die Milz war getroffen, Niere und Blase waren unverletzt. Die inneren Blutungen konnten gestillt werden. Er kam auf die Intensivstation. Mit der Operation des Hüftgelenks, auch die Gelenkpfanne war betroffen, wartete man, bis sich sein Allgemeinzustand stabilisiert hatte. Dann operierte man auch den Schussbruch und brachte Basler erneut auf die Intensivstation.

Als Andreas Basler wieder klar denken konnte, quälten ihn Selbstvorwürfe. Warum war er so naiv gewesen, sich ohne Deckung in die Mensa zu setzen? Um den Zugriff zu beobachten, sozusagen aus kriminalistisch-operativem Interesse? Wahrscheinlich. Ob er wohl in die Terrorismusbekämpfung zurückkehren könnte? Und ob er dann an seinem Grundsatz, staatliche Gewalt sei nur ausnahmsweise zulässig, festhalten würde? Wohl doch! Sie hätten die vier Männer am Mensatisch ja nicht einfach über den Haufen schießen können. Er hätte allerdings damit rechnen müssen, dass sie, die Verhaftung vor Augen, zur Waffe greifen würden. Diese und ähnliche Dinge gingen Basler durch den Kopf.

Im Dämmerzustand beschäftigte er sich in Gedanken mit Ayse und Sara. Ayse war jetzt sicher noch häufiger als vorher bei Sara, um nicht allein zu sein. Er hatte in der Beziehung zu ihr vieles falsch gemacht. Er hätte sie heiraten sollen, als sie beide jung waren. Er wollte sie so bald wie möglich wiedersehen. Und dann fantasierte er wieder davon, wie die beiden Frauen sich liebten. Auch das belastete ihn, doch er hatte weder Kraft noch Lust, die Geschichte zu Ende zu denken. Nachdem Basler von der Intensivstation in ein Zweibettzimmer verlegt worden war, sein Zimmergenosse war ein durch einen Autounfall schwer verletzter Lehrer, ging es mit ihm schnell bergauf, so dass er sich schon wieder für die aktuellen Ereignisse »draußen« zu interessieren begann. Er telefonierte mit Ayse und rief eines Tages auch mich an. Ich versprach ihm, ihn noch im Krankenhaus zu besuchen.

Doch dann trat in Baslers Zustand eine Wende zum Schlechteren ein. Sie warf ihn derart zurück, dass Besuche verschoben werden mussten. Eine Knocheninfektion im zerschossenen Hüftgelenk machte Nachoperationen und langwierige Behandlungen erforderlich. Basler musste sogar noch einmal, wenn auch nur kurz, auf die Intensivstation. Er war enttäuscht, sein Optimismus war verflogen. Er hing düsteren Gedanken nach und fing an, sich wieder theoretisch mit »Gewalt« zu beschäftigen. Er verschlang dazu Dutzende von Büchern. Nun, da er selber ein Opfer gewaltsamer Auseinandersetzungen geworden war, packte ihn das Thema aufs Neue.

*

Während seiner Krankenhauszeit nahm Basler nur stichwortartige Eintragungen in seinem Tagebuch vor. Nach ihnen zu urteilen, waren Ayse Güntürks Besuche an seinem Krankenbett für ihn die einzigen Lichtblicke. Sie hatte ihn erstmals länger besuchen dürfen, als er von der Intensivstation in ein Zweibettzimmer verlegt worden war. Ayse hatte sein Gesicht gestreichelt und in seinen Augen gelesen, dass er noch sehr schwach war. Außerdem störte sie der Bettnachbar. So redete sie nicht viel und ging bald wieder.

Bei ihren nächsten Besuchen war Basler schon in besserer Verfassung und erzählte ihr von seiner »Gewaltlektüre«. Ayse nutzte die Gunst der Stunde, um ihn von seinen Grübeleien wegzubringen und wieder für die praktischen Dinge des Lebens zu interessieren. Sie schilderte ihm ihre Fortschritte bei der Einrichtung der gemeinsamen Wohnung. Dies tat sie so ausdauernd und wortreich, dass Basler, der ihre therapeutische Absicht durchschaute, aufmerksam zuhörte und sie dann in allen ihren Vorhaben bestärkte. Schließlich fragte er: »Du hast meine Sachen nicht hinausgeworfen?«

»Rede keinen Unsinn«, lachte Ayse. »Einiges habe ich mit meinen Möbeln kombiniert, das andere wartet im Arbeitszimmer auf deine Rückkehr – so wie ich.«

Im gleichen Maße wie die Infektion in seinem Hüftgelenk zurückgedrängt wurde, besserte sich Baslers Stimmung. Da sein Zimmergenosse inzwischen das Bett verlassen durfte und bei Ayses Besuchen höflicherweise hinausging, brachte seine Freundin eines Tages Sara mit ins Krankenhaus. Sie wusste, auch das würde ihren Andreas aufmuntern. Sara tat so, als ob sie dazu ausersehen sei, dem verletzt Daniederliegenden frischen Lebensmut einzuhauchen. Sie küsste ihn sogar auf den Mund – was Ayse ärgerte. Schon die leiseste Andeutung solcher Zärtlichkeiten konnte sie nicht ertragen. Sie beschloss daher, in Zukunft wieder alleine zu kommen und bereitete Saras Turtelei ein jähes Ende, indem sie das Gespräch auf den Beschluss der Europäischen Union brachte, mit der Türkei Beitrittsverhandlungen aufzunehmen.

Alle drei fanden diesen Beschluss richtig und weitsichtig. Die beiden Türkinnen schimpften dann noch mit vereinter Kraft auf die Kritiker eines Beitritts. Der größte Witz sei angesichts der leeren Kirchen in Deutschland das Argument, die Türkei habe im »christlichen« Abendland nichts verloren, meinte Sara. Basler beschränkte sich auf die Bemerkung, es gebe noch weitere Argumente gegen einen Beitritt, man müsse sie ruhig und sorgfältig widerlegen.

An Heiligabend überraschte Ayse ihren Andreas im Krankenhaus mit einer kleinen, sehr schönen Engelsfigur. »Es ist ein alevitischer Engel«, sagte sie ihm. »Der schwebt über allen Religionen und Konfessionen.«

Baslers Gedanken brachte dieses Friedenszeichen seltsamerweise wieder zu seiner Gewaltlektüre zurück. »Das christliche Fest der Liebe und des Friedens ändert leider nichts daran, dass wir in einer Welt der Gewalt leben, auch der religiös motivierten Gewalt.«

Beide kamen auf die Ermordung des in provozierender Weise islamkritischen Filmemachers Theo van Gogh in Amsterdam zu sprechen. Die Mordtat eines aus Marokko stammenden Niederländers hatte weitere Gewalttaten von Muslimen und Christen ausgelöst. »Hier hat ein blutiger Terroranschlag das in der Existenz muslimischer Parallelgesellschaften steckende Konfliktpotenzial ausbrechen lassen«, konstatierte Basler. Die intensive Lektüre der letzten Tage hatte bei ihm Spuren hinterlassen.

»Dabei war der Mann voll in die niederländische Gesellschaft integriert«, warf Ayse ein.

»Das religiös-kulturelle Aggressionspotenzial war offensichtlich stärker als die staatsbürgerliche Integration«, überlegte Basler. »Es stammt aus einer tieferen Schicht.«

»Kein schönes Weihnachtsfest«, schloss Ayse ab. »Ernüchternd gegenüber all dem Weihnachtskitsch auf Erden.«

Am zweiten Weihnachtstag stürzte das verheerende Seebeben im Indischen Ozean mit seinen Todesfluten Basler in lange Grübeleien: War die Gewaltneigung der menschlichen Kreatur nicht eine Art Fortschreibung von Naturgewalt? Vom Krankenbett aus verfolgte er über Stunden die Live-Berichterstattung zu dieser Menschheitskatastrophe und las die Kommentare in den Zeitungen. Dabei wunderte er sich darüber, dass islamische und islamistische Geistliche den Tsunami als Strafe Gottes beschworen, während viele unserer Kirchenmänner nur in den Lobgesang über die Hilfs- und Spendenbereitschaft der »gnädigen Menschheit« einstimmten.

*

Stärkten Ayses Besuche Baslers Lebensgeister, so halfen ihm zwei Besuche seines Abteilungsleiters Engler, sich über seine Zukunft klarer zu werden.

Als Engler fragte, wie es denn gehe, antwortete Basler, dass er nach Meinung der Ärzte wohl noch etwa zwei Monate im Krankenhaus bleiben müsse und dann in ein Reha-Zentrum komme. Den sich anschließenden Genesungsurlaub könne er dazu nutzen, wieder ganz fit zu werden. Ob er in die Abteilung zurückkehren wolle, wisse er noch nicht. Engler versicherte Basler, die Abteilung warte auf seine Rückkehr. Die »Weltmeister«-

Gruppe leite jetzt sein Stellvertreter. Es sei entschieden worden, sie vor der Fußball-Weltmeisterschaft nicht wieder in die normale Struktur der Abteilung zurückzugliedern. Einige Kollegen glaubten allerdings, auf die Weltmeisterschaft 2006 werde sowenig ein Anschlag verübt werden wie auf die Europameisterschaft in Portugal und die Olympischen Spiele in Athen.

»Wie kommen die denn darauf? Meinen sie, wir hätten einen Freibrief, weil wir uns aus dem Irak-Krieg herausgehalten haben?«

»Nein, das glaubt keiner von uns. Aber manche glauben, die Reaktion der Weltöffentlichkeit auf einen Terroranschlag gegen eine globale Sportveranstaltung würde der Sache der ›Gotteskrieger‹ so sehr schaden, dass sie sich andere Ziele suchten.«

»Darauf sollten wir uns nicht verlassen!«

»Wir lassen die WM-Gruppe ja bestehen, zumal in Spanien Anschlagspläne gegen das Bernabéu-Stadion von Real Madrid aufgedeckt worden sind und die Weltmeisterschaft in unserem Land mit den Qualifikationsspielen schon ihre Schatten voraus wirft. – Was sind denn Ihre Pläne?«

Basler wich aus. »Die Verwundung ist ein Einschnitt in meinem Leben und daher eine gute Gelegenheit, noch einmal über alles nachzudenken, was mich und die Polizei betrifft.«

»Eine erzwungene Pause kann man nicht besser nutzen als zu solch einer Selbstprüfung. Aber Sie dürfen die Flinte nicht ins Korn werfen, Basler. Wir brauchen Sie!«

»Wie Sie sehen, geht es auch ohne mich. Wie stehen denn die Dinge jetzt?«

Engler berichtete, die Verfahren gegen den El-Kaida-Kurier und die Uni-Gruppe liefen planmäßig. An Aslan seien sie noch nicht näher herangekommen. Gegen den jordanischen Geschäftsführer der Antiquitätenhandlung werde dagegen ein Ermittlungsverfahren eingeleitet, zunächst aber nicht wegen Unterstützung einer Terroristengruppe, sondern wegen Geldwäsche von Drogen-Erlösen.

»Und in der großen, weiten Welt geht der Terror weiter?«

»Wie es nicht anders zu erwarten war. Der Anschlag auf das von Israelis besuchte Hotel im ägyptischen Taba und der Anschlag der El Kaida auf das amerikanische Konsulat in Dschidda zeigen erneut den engen Zusammenhang zwischen dem islamistischen Terrorismus und dem Nahost-Konflikt. Die Wiederwahl von Präsident Bush und der dramatische Tod von Jassir Arafat sind in ihren Auswirkungen auf den Konflikt ambivalent. Man kann auf Fortschritte hoffen, aber meine Hoffnung ist nicht sehr groß. Also, machen Sie, dass Sie wieder auf die Beine kommen!«

*

Ich hatte Andreas Basler, nachdem er nicht mehr auf der Intensivstation lag, angerufen und ihm meinen Besuch zum Neujahrstag 2005 angekündigt – dem Jahrestag unseres Gesprächs in Ittenbach. Die Verschlechterung seines Gesundheitszustands hatte diesen Plan durchkreuzt.

Erst im Februar war er dann soweit, und ich konnte ihn in der Klinik besuchen. Basler war recht munter und berichtete mir, wie ihn Ayse Güntürk umsorge, von den medizinischen Prognosen der Ärzte und seinen Gesprächen mit Engler. Der hatte mir nach seinem letzten Besuch bei Basler am Telefon gesagt, er glaube, Basler werde in die Abteilung zurückkehren. Und in der Tat hatte sich Basler inzwischen dazu durchgerungen. Ich bestärkte ihn in diesem Entschluss.

Auf meinen Besuch hatte Basler gewartet, um mit mir einmal wieder »Grundsätzliches« zu besprechen. Diesmal aber nicht aus dem Polizeidienst. Er wollte von mir wissen, ob ich den Islam für gewaltbereiter hielte als das Christentum.

»Ich bin kein Theologe, Andreas, nicht einmal ein Pfarrerssohn. Ich habe aber eine Meinung.«

»Ich höre.«

»Sie kennen das Argument, der viel gescholtene Polytheismus, der unterschiedliche Götter nebeneinander bestehen lässt, sei friedfertiger als der Monotheismus. Richtiger müsste es heißen: als die nebeneinander bestehenden Monotheismen. Wie die blutige Geschichte zwischen Christentum und Islam zeigt, zu der nicht nur die christlichen Kreuzzüge gehörten, ist für sie der andere Gott immer der falsche Gott. Beide Religionen berufen sich auf eine Offenbarung. Die eine auf die Offenbarung in Jesus Christus, die andere auf die Offenbarung im Koran. Da der Koran für die Muslime das direkte Wort Gottes ist, ist er interpretationssperriger als es die lange nach Jesus Tod von Menschenhand zusammengeschriebenen Evangelien sind. Der Islam ist insofern fundamentalistischer. Ihm fehlt die Aufklärung, wie wir im Westen sagen. Andererseits lässt nun gerade die westliche Aufklärung und die mit ihr verbundene Säkularisierung, heute vor allem in der so genannten ›religiösen Rechten‹ Amerikas, einen christlichen Fundamentalismus wachsen, aus dem eines Tages der Ruf erschallen könnte: ›Auf nach Armageddon, heilig die letzte Schlacht!‹«

»Also sind beide gleich schlimm?«

»Das habe ich damit nicht gesagt. Aber für das Christentum wie den Islam gilt gleichermaßen, dass zu einer Offenbarung immer zwei gehören. Der Gott, der sich offenbart, und der Mensch, der die Offenbarung aufnimmt, versteht oder missversteht, jedenfalls in seinem Sinne versteht. Würden die Offenbarungsreligionen sich zu dieser Bescheidenheit in ihrem Selbstverständnis durchringen, könnten sie nicht nur friedlich zusammenleben, sondern auch demütigen Respekt voreinander haben.«

Basler staunte. »Ich werde der Universität Tübingen vorschlagen, Sie zum Ehren-Theologen zu ernennen.«

*

Mitte April wurde Basler aus der Charité in ein Reha-Zentrum auf der Gatower Havelhöhe entlassen. Ayse

134

holte ihn mit ihrem Wagen in der Klinik ab, brachte ihn aber natürlich erst einmal in die gemeinsame Wohnung, in der sie noch nicht eine Stunde zusammen verbracht hatten.

Nach einer ersten stürmischen Umarmung präsentierte Ayse ihrem Andreas stolz, was sie während seiner Abwesenheit aus der Wohnung gemacht hatte: ein richtiges Zuhause. Ein kleiner Garten und eine große Gartenterrasse hatten sie für diese Erdgeschosswohnung eingenommen. Den großen Raum hinter der Terrasse hatte Ayse mit einer Mischung aus ihren und Baslers Möbeln wohnlich eingerichtet. Alles passte zusammen. Nur der Fernseher war neu. In ihrem kleinen Arbeitszimmer stand ihre alte Einrichtung. Sein Arbeitszimmer, in dem sie seine restlichen Möbel untergestellt hatte, sollte er sich selbst einrichten. Bad und Küche waren neu und streng funktional gehalten. Die ganze Wohnung stand voller Blumen und im Garten sprossen schon die Osterglocken.

»Mich überkommen ganz familiäre Gefühle. Ayse, ich danke dir«, brachte Basler nur heraus.

»Wir haben ja auch sonst keine Familie mehr«, kommentierte Ayse, und Basler musste ihr Recht geben. Beide hatten schon vor Jahren ihre Familien verloren. Basler hatte keinen Kontakt mehr zu seinen diversen entfernten Verwandten und Ayse keinen zu dem Rest ihrer türkischen Großfamilie daheim in der Türkei.

Bei einem guten Glas Wein machten die beiden dann erste Pläne für die Wochen von Baslers Genesungsurlaub nach seiner Reha. Ayse hatte sich für zwei Wochen freigenommen und schlug vor, auf Bootsfahrten und Autoausflügen Berlins Umgebung zu erkunden. Um Fahrradtouren zu unternehmen sei es für ihn noch zu früh. Basler war von ihren Vorschlägen angetan. Er hatte sich ohnehin vorgenommen, einmal auf Theodor Fontanes Spuren durch die Mark Brandenburg zu wandern. Wenn Ayses Urlaub vorbei sei, werde er fleißig schwimmen gehen, aber auch schon damit beginnen, sich beruflich wieder einzuarbeiten.

Am nächsten Morgen machte Ayse ihm, bevor sie zur Arbeit aufbrach, ein herrliches Frühstück. Wäre sie zu Hause geblieben, hätte Basler seinen »Dienstantritt« im Reha-Zentrum – er selbst sprach vom »Trainings-Lager« – glatt verschoben. So versprach er Ayse, in die gemeinsame Wohnung zu kommen, sooft die Ärzte ihm das erlaubten. Auch Ayse hielt das für besser als Besuche von ihr bei Basler.

Seinen Aufenthalt in der Reha, sechs Wochen waren vorgesehen mit anschließendem Urlaub und Wiedereinarbeitungsphase, teilte Basler sich streng ein. Er absolvierte alle Behandlungen und Übungen mit solchem Eifer, dass die Therapeuten ihn davon abhalten mussten, zu viel zu tun.

Nach seiner Reha-Zeit machte Basler mit Ayse wie geplant vierzehn Tage Urlaub. Bei herrlichem Sommerwetter machten sie mit dem Wagen Ausflüge ins Berliner Umland, etwa zum Rhinluch, und verbanden das mit immer längeren Wanderungen. Bootstouren brachten sie zum Müggelsee und führten sie über die Müritz. Nach diesen Ferien mit Ayse fühlte sich Basler körperlich wieder fit. Den Rest seines Genesungsurlaubs verbrachte er höchst diszipliniert: Morgens Schwimmen und Gymnastik, nachmittags Einarbeitung in seine Aufgaben. Noch bevor die ihm verordnete Wiedereinarbeitungsphase begann, war er in seine kriminalistische Arbeit zurückgekehrt, am Vormittag im Büro, am Nachmittag zu Hause.

Basler konnte feststellen, dass es in dem für den islamistischen Terrorismus so wichtigen Nahen und Mittleren Osten während seiner Zwangspause einige positive Entwicklungen gegeben hatte. Nach der Wahl von Abbas zum Nachfolger Arafats war der Friedensprozess zwischen Palästinensern und Israelis wieder in Gang gekommen. Aber auf dem Weg zum Frieden lagen weiterhin große Stolpersteine.

Die Iraker hatten Anfang des Jahres großen Mut bewiesen, als sie trotz der mörderischen Aktivitäten von Terroristen und Aufständischen zur Wahl gegangen waren. Schon die mühsame Bildung einer provisorischen Regierung, der die Ausarbeitung einer Verfassung folgen sollte, zeigte aber, wie schwierig dieser Prozess sein würde, zumal der Terror nicht gebrochen worden war.

Der frühere Sicherheitsberater der Präsidenten Clinton und Bush junior, Richard A. Clarke, der mit der Bush-Administration gebrochen und eine Philippika gegen ihre Sicherheitspolitik gehalten hatte, entwarf zur gleichen Zeit ein tiefschwarz-pessimistisches Szenario. Darin überschattete der Sturz des Hauses Saud in Saudi-

Arabien durch Islamisten und fundamentalistische Geistliche sowie der Ausbruch von Feindseligkeiten zwischen den Vereinigten Staaten und dem Iran die positiven Ansätze in jener Weltregion. Zu dem Szenario gehörte ferner eine breite Welle von terroristischen Anschlägen ganz unterschiedlicher kleiner Gruppen von Islamisten auf amerikanische Verkaufs-, Versorgungs-, Verkehrs- und Vergnügungszentren sowie eine Bedrohung amerikanischer Produktions- und Kommunikationsanlagen durch »Raketen-Terroristen«, die von Kanada aus operierten.

Basler hielt das für ein »Worst-case-Szenario«, hatte aber keine Zweifel, dass die Welt noch lange mit der terroristischen Bedrohung würde leben müssen – woran auch die um ein Jahr vorgezogenen Bundestagswahlen nichts ändern würden.

Die Spiele beim Confederation Cup – die Generalprobe für die Fußball-WM in Deutschland – verliefen so friedlich wie im Vorjahr die Spiele der Europameisterschaft in Portugal. Doch dann schlugen, während der G8-Gipfel in Schottland tagte, islamistische Terroristen in London zu.

Am 7. Juli griffen sie an vier Stellen den morgendlichen U-Bahn- und Busverkehr mit Rucksackbomben an, töteten über fünfzig und verletzten über siebenhundert Menschen. Scotland Yard konnte die vier Selbstmordattentäter – die ersten auf europäischem Boden – schnell identifizieren: junge britische Staatsbürger pakistanischer Herkunft. Der Schock in der britischen Öffentlichkeit saß tief. Der Anschlag erinnerte an den Anschlag in Madrid. Als vierzehn Tage später ein zweiter Anschlag nur daran scheiterte, dass die Sprengsätze nicht explodierten – diesmal stammten die von Scotland Yard gefassten islamistischen Täter aus Ostafrika – erinnerte das an das düstere Szenario, das Richard A. Clarke für Amerika entworfen hatte. Man musste eine Serie weiterer Terrorattacken auf solche »weichen« Ziele befürchten. Über all dem spitzte sich der internationale Konflikt wegen der forcierten Entwicklung der iranischen Atomindustrie weiter zu.

Die Welt konnte also in der Tat nicht hoffen, mit dem weltweiten Terrorismus in absehbarer Zeit fertig zu werden. Umso mehr drängte es Basler, wieder ganz zu seiner Arbeit zurückzukehren.

✶

An einem Sonnabend Ende September hatte Sara ihren dreißigsten Geburtstag. Sie wollte ihn zusammen mit Ayse und Basler feiern. Die beiden schlugen vor, an den Scharmützelsee zu fahren, dort ein Stück zu wandern und zum Geburtstagsessen in einen Landgasthof einzukehren, den sie während ihrer Urlaubswanderungen entdeckt hatten. Es war das erste Zusammentreffen der drei seit Baslers Entlassung aus dem Reha-Zentrum. Bei herrlichem Herbstwetter waren sie in der schönen Landschaft bester Laune.

Als sie später im Gasthof beim Nachtisch angekommen waren, erzählte Sara, die sonst nicht viel über sich selbst sprach, Ayse und Andreas eine merkwürdige Geschichte. Sie hatte einen Geburtstagsbrief von ihrem Onkel Asher Avni aus Israel bekommen, in dem dieser ihr ein Geschenk ankündigte. Sie staune immer noch darüber, gestand Sara.

»Und warum?«, wollte Ayse wissen.

»Einmal schon darum, weil er mir seit langem nicht mehr zum Geburtstag gratuliert hat. Den letzten Brief habe ich von ihm bekommen, als er erfuhr, dass ich nach Deutschland gehen wollte. Er beschwor mich, das nicht zu tun. Im ›Land der Judenmörder‹ hätte ich nichts zu suchen.«

»Was für ein Onkel ist das?«, wollte Basler wissen. »Ich meine, wie passt er in deine Familie?«

»Eigentlich ist es kein echter Onkel«, antwortete Sara und hätte am liebsten das Thema gewechselt. Als sie Ayses fragenden Blick auf sich ruhen fühlte, fuhr sie aber fort.

»›Onkel Asher‹ wurde 1933 als Nachzügler in Berlin geboren. Die Nazis waren gerade an die Macht gekommen und hatten seine Eltern unter Hausarrest gestellt. Der Vater war ein bekannter Anwalt, ein führender Kopf der jüdischen Gemeinde und obendrein auch noch Sozialdemokrat. Um wenigstens ihren Kleinsten zu schützen, vertrauten sie ihn einer befreundeten jüdischen Familie an, die kurz vor der Ausreise nach Palästina stand. Diese gelang nur durch juristische Tricks und dank guter

Beziehungen. Seine Eltern und Geschwister durften das Land nicht verlassen und sind später mit vielen weiteren Mitgliedern ihrer weit verzweigten Verwandtschaft in Auschwitz umgekommen. Wie mein Onkel zu sagen pflegt: ›durch die deutschen Schornsteine gegangen.‹ Dafür hasst er die Deutschen bis heute. Er wurde von dem Ehepaar, das ihn nach Israel mitgenommen hatte – meinen Großeltern – adoptiert und wuchs mit deren Kindern auf. Er wurde Physiker und Ingenieur und hat sein Leben lang für den Judenstaat gekämpft.«

»Und wie kamst du in die Türkei?«, wollte Ayse wissen.

»Meine Mutter heiratete in eine Unternehmerfamilie der türkischen Chemieindustrie ein und zog nach Istanbul. Dort kam ich als Türkin zur Welt.«

Ayse wunderte sich jetzt selbst, dass sie Sara noch nie danach gefragt hatte. Sara war mit ihrer Geschichte über das Geburtstagsgeschenk ihres Onkels aber noch nicht zu Ende.

»Seltsam ist allerdings nicht nur der Geburtstagsglückwunsch meines Onkels mit der Ankündigung eines Geschenks, höchst merkwürdig ist auch, dass er avisiert hat, es mir als Diplomatengepäck in die Botschaft zu schicken.«

»Er will sichergehen, dass es gut ankommt«, meinte Ayse.

»Trotzdem ist es seltsam«, setzte Basler dagegen. »Als Übersetzerin genießt sie doch gar keine diplomatische Immunität.«

Die Geburtstagsstimmung war verflogen. Saras Geschichte hatte alle nachdenklich gemacht. Die drei fuhren früher als geplant nach Berlin zurück.

Anderthalb Wochen später erhielt Sara zu ihrer großen Überraschung einen Anruf aus ausgerechnet dem Antiquitätengeschäft, das zu Ismail Aslans Unternehmen gehörte. Aus Israel sei eine Kunstsendung für sie angekommen. Ob sie sie abholen oder aber in die Botschaft geliefert haben wolle, die als Adresse angegeben sei? Sara war unsicher und drauf und dran, Basler um Rat zu fragen. Aber dann sagte sie sich, das Geschäft sei schließlich auf Kunstwerke aus dem Vorderen Orient spezialisiert. Dass so eine Kunstsendung abgewickelt werde, sei nichts Ungewöhnliches. Außerdem wollte sie sich die Firma und ihre Räume schon lange einmal anschauen.

Die Antiquitätenhandlung, deren Schaufenster Sara schon früher einmal inspiziert hatte, war noch geräumiger, als angenommen. Wie seine Schaufenster war es voll archäologischer Kunstwerke. Der Mann, der sie bediente, ein aalglatter Typ, kam ihr bekannt vor. Dann fiel ihr ein, dass es der Geschäftsführer der Firma war, ein Jordanier, den sie auf Empfängen schon oft mit Ismail Aslan zusammen gesehen hatte. Er fragte sie nach ihren Wünschen und sie wies sich aus.

»Oh«, rief der Jordanier, »Sie Glückliche! Für Sie ist ein aus der Türkei stammendes Fragment eines hethitischen Kalkstein-Reliefs angekommen. Ich hole es Ihnen. Ein wunderschönes Stück.«

Sara, die eine Kiste oder einen Karton erwartet hatte, war erstaunt, als der Jordanier ihr ein Reliefstück mit dem Symbol eines Stiers brachte. Sie bewunderte es, fragte dann aber nach: »Warum ist das nicht gleich an die Botschaft gegangen und warum haben Sie es schon ausgepackt?«

Der Geschäftsführer gab sich entrüstet: »Gnädige Frau, wir dachten, es wäre einfacher für Sie, es hier selbst abzuholen, es wiegt nur etwa fünf Kilogramm, statt es Ihnen mit der gesamten Verpackung, Transportbehälter eingeschlossen, in die Botschaft zu liefern. Wir packen es Ihnen aber natürlich wieder ein.«

Sara brachte nicht mehr als ein »Ach so« heraus. Ihr Misstrauen war geweckt. Als der Mann ihr die Transportpapiere hinlegte, obendrauf die Empfangsbescheinigung, die sie unterschreiben sollte, gab sie vor, eine Brille zu suchen und blätterte dabei in den Papieren. Auf einem der Zettel, es war wohl der Zollschein, sah sie die Kennzeichnung »Diplomatengepäck« und eine Gewichtsangabe: »43 Kilogramm«. Die Kennzeichnung war zweifelsohne nicht authentisch, aber in Israel konnte man so etwas »regeln«, jedenfalls ihr Onkel, der mit seinen über siebzig Jahren immer noch in der Rüstungsforschung tätig war. Die Gewichtsdifferenz von etwa vierzig Kilogramm zwischen dem Relief-Bruchstück und der gesamten Sendung verstärkte dagegen ihr Misstrauen, ohne dass sie genau hätte sagen können warum. Sie unterschrieb die Quittung und ließ sich das Geschenk, das jetzt in einem Pappkarton lag, zu ihrem Auto bringen.

In ihrer Wohnung packte Sara das gute Stück aus und bemerkte eigentlich jetzt erst, wie schön es war. Wie prachtvoll wohl das ganze Relief gewesen sein mochte? Ob Onkel Asher sich etwas dabei gedacht hatte, ihr einen Stier zu schicken? Etwa zur Stärkung ihrer Kampfmoral im »Land der Judenmörder«? Oder als Mahnung zum Heiraten und Kinderkriegen? Oder gar als Korrektur ihrer Neigung zum eigenen Geschlecht, falls sich die bis nach Israel und gar bis zu ihrem Onkel herumgesprochen haben sollte? Vielleicht ja aber auch einfach nur, weil er das Stück schön fand.

Sara suchte einen Platz in ihrer Wohnung, an dem sie den Stier aufstellen oder an die Wand hängen konnte, und beschloss, ihn als erster Ayse zu zeigen.

Ayse war von dem Stück begeistert. »Aus der so reichen Vorgeschichte unseres Landes! Stark und schön! In der Moderne findet man ähnlich Schönes nur in Darstellungen zum Stierkampf, glaube ich.«

»Dies ist das Symbol, nicht das Abbild eines Stiers«, wandte Sara ein. Aber dann umarmte sie Ayse und küsste sie. Die erwiderte ihre Küsse, machte sich aber von ihr los.

»Sara, ich muss jetzt erst einmal ganz für Andreas da sein. Versteh das!«

»Schon gut! Ich erzähle dir jetzt mal etwas Seltsames.« Sara schilderte Ayse ihren Besuch im Antiquitätengeschäft in allen Details. »Zu viele Dinge sind seltsam. Erstens, dass das gute Stück ausgerechnet über diese Firma gelaufen ist, die Ismail Aslan gehört und deren Geschäftsführer der Jordanier ist. Zweitens, dass es vom Antiquitätengeschäft nicht direkt an die Botschaft geliefert worden ist, die als Adresse der Lieferung des ›Diplomatengepäcks‹ angegeben war. Drittens, dass das Antiquitätengeschäft das Geschenk, ohne mich zu fragen, ausgepackt hat. Und schließlich und vor allem die Differenz zwischen dem Gewicht meines Stiers und dem auf den Transportpapieren angegebenen Gesamtgewicht.«

Ayse, die während Saras Bericht unverwandt den Stier angesehen hatte – auf dem Bücherregal im Tageslicht des großen Fensters stand er ideal – stimmte Sara zu. »Etwas zu viele Seltsamkeiten. Was willst du tun?«

»Ich möchte dich bitten, für mich in das Antiquitätengeschäft zu gehen.«

»Wozu das denn?«

»Mich kennt man da schon und außerdem hat der Jordanier natürlich gemerkt, dass ich misstrauisch geworden bin.«

»Mich kennt der Jordanier auch. Aus der Botschaft und vermutlich auch aus meiner Zeit mit Aslan.«

»Das stimmt. Aber einen Dritten will ich da nicht mit hineinziehen. Und im Gegensatz zu mir hast du nichts mit der Sendung zu tun. Geh bitte in den Laden und erzähle, du hättest von mir, deiner Kollegin Sara Akşin aus der Botschaft, gehört, die Verpackung für ihr Geschenk sei im Antiquitätengeschäft geblieben. Da du selbst etwas Ähnliches verschicken müsstest, wolltest du fragen, ob du die Transportkiste haben könntest. Ich sei damit einverstanden.«

»Sara, die wissen über uns vermutlich mehr als wir bisher über sie. Die sind ja nicht doof. Wenn ich bei denen mit dieser Bitte auftauche, wird deren Misstrauen gegen uns beide sprunghaft steigen.«

»Vielleicht, aber nicht notwendigerweise. Es geht ja nicht um den Transportverschlag. Mich interessiert nur die Reaktion des Jordaniers.«

Ayse ließ sich breitschlagen und fuhr in der folgenden Woche zum Antiquitätengeschäft. Der Geschäftsführer begrüßte sie freundlich, aber reserviert. Als sie ihre Bitte vorgetragen hatte, antwortete er abweisend: »Das geht leider nicht.«

»Ich bezahle die Kiste auch gerne«, schob Ayse nach.

»Darum geht es nicht, gnädige Frau. Sie gehörte ja Ihrer Kollegin. Aber da die sie nicht haben wollte, haben wir sie schon entsorgt.«

»Schon entsorgt?«

»Ja. Das tun wir in solchen Fällen immer. Unsere Kellerräume sind bereits überfüllt.«

»Schade. Dann muss ich eine andere Lösung suchen.« Sie verabschiedete sich freundlich, doch der misstrauische Blick des Mannes folgte ihr bis zu ihrem Wagen.

Ihren Bericht an Sara schloss Ayse mit dem Satz: »Du hattest Recht. Irgendwas stimmt an der Sache nicht. Ich weiß nur nicht, was. Meines Erachtens solltest du den Vorfall der Botschaft mitteilen, schließlich wurde sie als Adresse für das angebliche Diplomatengepäck angegeben.«

»Nein«, wehrte Sara ab. »Daraus entstehen nur Gerüchte, die sich verselbstständigen. Am Ende passiert mir dann das, was dir damals mit den Fotos von dir und Aslan passiert ist.«

Der Vergleich – fand Ayse – war seltsam. Hier ging es doch um eine Verstärkung ihres Verdachts gegen Aslan und sein Antiquitätengeschäft, nicht um einen Verdacht gegen Sara. Deren Anspielung auf ihre Denunzierung durch Ömer – damals hatte Sara ihr geholfen – machte Ayse aber klar, dass es ihr nicht gelingen würde, sie von ihrem Vorschlag abzubringen. So regte sie an, auf jeden Fall Basler zu informieren.

»Nein«, wehrte Sara auch das ab. Ayse war erstaunt und fühlte zum ersten Mal Misstrauen gegen Sara in sich aufsteigen. Was hatte sie zu verbergen? »Nicht einmal Basler? Überleg dir das noch mal gut«, sagte sie zum Schluss und schied kusslos von ihrer Freundin.

*

Baslers erste Wochen im Amt nach seiner Rückkehr waren relativ ruhig verlaufen. Er versuchte, zahlreiche Einzelmeldungen und Hinweise auf lokale und regionale Entwicklungen in das allgemeine Lagebild einzuordnen. Die Ruhe verflog schlagartig, als der Bundesnachrichtendienst Ende November eine Information des Mossad erhielt, die El-Kaida-Führung scheine im Irak ein hochkarätiges Spezialistenkommando für einen Einsatz im deutschsprachigen Raum zusammenzuführen. Der BND unterrichtete das BKA und fügte hinzu, er sei bemüht, vor Ort nähere Einzelheiten zu ermitteln. Das Bundeskriminalamt möge bitte seine Kontakte im gleichen Sinne nutzen.

Über eine »Sonderverbindung« zum Mossad arrangierte das BKA ein Treffen auf Zypern und schickte Basler hin. Der flog an einem Dienstagmorgen nach Nikosia und versprach Ayse, am Donnerstagnachmittag wieder zurück zu sein. Er traf seinen Kontaktpartner in einem kleinen Hotel am Stadtrand von Nikosia zum Lunch. Danach unternahmen sie, um vor Lauschern sicher zu sein, einen Spaziergang in die Umgebung. Der Mossad-Mann berichtete nun – mündlich und unter vier Augen – weit detaillierter als seine Zentrale dies getan hatte. Sie hätten aus verschiedenen Quellen Hinweise über die Aufstellung eines Sonderkommandos im Irak. Offenbar würden Waffenspezialisten – darunter auch Spezialisten für ABC-Waffen – mit kampferprobten Terroristen zusammengebracht, die der deutschen Sprache mächtig seien. Das Meldungsbild sei noch recht vage, dennoch müsse man es ernst nehmen.

Das schien Basler plausibel, zumal leider auch allgemein gesehen die Wahrscheinlichkeit des Einsatzes von Massenvernichtungswaffen durch islamistische Terroristen zunehme. Aber warum die Aufstellung gerade im Irak?

»Sie haben eine Vielzahl von Kräften dort und durch irakische Verbündete auch gute Verstecke und Treffpunkte.«

148

»Und wie könnten sie ein solches Kommando in den deutschsprachigen Raum, vermutlich nach Deutschland bringen?«

»Es gibt viele Möglichkeiten. Vielleicht fliegt man sie aus einem Nachbarland etwa als Fernsehteam getarnt ein. Sie könnten sie aber auch einzeln oder zu zweien schicken, als Rucksacktouristen etwa. Der Fantasie sind keine Grenzen gesetzt.«

Basler hatte den Eindruck, der Mann wolle zwischen den Zeilen etwas durchblicken lassen, was der Mossad nicht offiziell mitteilen konnte. »Vor Ort werden sie wohl die Hilfe örtlicher Kräfte brauchen?«

»Möglich. Die kommen aber wohl nur als Verbindungs- und Unterstützungskräfte in Betracht.«

»Ziel könnte die Fußball-Weltmeisterschaft im nächsten Sommer sein.«

»Ja. Daran haben wir auch gedacht. Solche Befürchtungen gab es ja bereits bei der Europameisterschaft in Portugal und bei der Olympiade in Athen. Aber es könnte auch etwas ganz anderes sein. Für die Dienste und die Polizei ist jetzt eine breit angelegte, intensive Ermittlungsarbeit angesagt.«

Als die beiden sich trennten, sagte der Mossad-Mann: »Sie fliegen ja erst übermorgen zurück. Seien Sie vorsichtig. In Nikosia wimmelt es von Agenten und sonstigem Gesindel.« Als Basler lachte, fügte er hinzu: »Wir bleiben in Ihrer Nähe.«

Auf dem Rückweg zu seinem kleinen Hotel dachte Basler: Ich stehe also unter Kontrolle, werde meinen Bewachern aber wenig bieten können. Da es nach diesem Gespräch keinen Sinn macht, mich morgen noch einmal mit dem Kontaktmann zu treffen, habe ich einen freien Tag. Ich werde mir Nikosia ansehen.

Beim Abendessen in seinem Hotel fragte ihn zwei Stunden später ein arabisch aussehender, gut gekleideter junger Mann, ob er sich zu ihm an den Tisch setzen dürfe. Basler machte eine einladende Handbewegung. Nach einer Weile sagte der Mann leise: »Mich schicken Freunde. Sie sollten dem Mann, den Sie heute Nachmittag getroffen haben, kein Wort glauben.« Als Basler schwieg, fuhr der Mann fort: »Was hat er Ihnen denn erzählt?«

»Nichts, das Sie etwas angeht«, antwortete Basler laut und sah, als er den Blicken des Mannes folgte, dass sich zwei weitere Männer an Tischen links und rechts der Eingangstür postiert hatten. Mit einem »Entschuldigen Sie mich bitte einen Moment«, stand er auf, ging aber nicht zur Toilette, sondern durch die Küche zum Hinterausgang. Als er sich dort umsah, flüsterte die Stimme des Mossad-Manns: »Vorsicht, man wartet auf Sie. Mein Wagen steht direkt um die Hausecke. Ich fahre Sie zum Flughafen. Fliegen Sie morgen mit der ersten Maschine zurück.«

»Ich wollte mir morgen Nikosia ansehen«, protestierte Basler ruhig. »Ich habe den Rückflug erst für übermorgen gebucht.«

»Ich weiß. Aber machen Sie uns bitte nicht noch mehr Arbeit, Herr Kollege. Ihren Rückflug buchen wir Ihnen um. Ihre Reisetasche bringen wir zum Flugplatz. Die

Nacht müssen Sie allerdings in der Obhut der Flughafenpolizei verbringen. Dort sind Sie sicher.«

Sie bestiegen das Auto und rasten zum Flugplatz. Dort brachte man ihn in einem kleinen Raum mit Feldbett, Dusche und Toilette unter und versprach ihm, ihn rechtzeitig zum Abflug zu wecken. Das war allerdings nicht nötig, denn Basler lag die ganze Nacht über wach. Er versuchte, die Informationen, die er erhalten hatte, zu bewerten und blieb bei dem Ergebnis, dass sie höchst beunruhigend seien. Er versuchte auch, die Geschehnisse des Abends einzuordnen. Wahrscheinlich war das Spektakel inszeniert worden, um die Bedeutung der ihm gegebenen Informationen zu unterstreichen. Ob Sara von dem Treffen wusste? Kaum. Sie hatte nur eine begrenzte Aufgabe in Berlin.

Das Einchecken und der Flug nach Frankfurt verliefen »ohne besondere Vorkommnisse«. Am Nachmittag flog er nach Berlin weiter und setzte sich in sein dort abgestelltes Auto, um ins Amt zu fahren. Da er durch seinen übereilten Aufbruch aus Nikosia kein Mitbringsel für Ayse erstanden hatte, fuhr er durch die Innenstadt, um in einem Geschäft einen Wollschal und eine Wollmütze zu kaufen, die Ayse vor einiger Zeit entdeckt, des hohen Preises wegen dann aber doch nicht gekauft hatte.

*

Als Basler im Novemberregen durch Wilmersdorf fuhr, sah er plötzlich Ayses Wagen am rechten Straßenrand stehen, vielleicht dreihundert Meter von dem Antiquitätengeschäft entfernt, an dem er gerade vorbeigefahren war. Er wendete an der nächsten Straßenkreuzung und fand einen Parkplatz an der Straßenseite gegenüber, etwa hundert Meter von der Antiquitätenhandlung entfernt. Da sah er Ayse in das Geschäft gehen. Er schaute auf die Uhr. Es war etwa fünfzehn Minuten vor Ladenschluss. Er beschloss, den Eingang im Auge zu behalten und im Wagen auf Ayse zu warten.

Doch Ayse tauchte nicht wieder auf. Der Laden schloss. Keine Ayse. Basler war alarmiert. Wilde Spekulationen gingen ihm durch den Kopf. Sorge mischte sich mit Anflügen von Eifersucht und Misstrauen. Was hatte Ayse ausgerechnet in dem Antiquitätengeschäft zu suchen? Alleine! Sie wusste doch, dass es Aslan gehörte, dass Mitarbeiter des Geschäfts dort wohnten und Aslan auch selbst eine Wohnung in dem Haus hatte! Dass Ayse ihren ehemaligen Geliebten besuchen wollte, schloss Basler aus. Er hatte mit Sicherheit keinen Grund zur Eifersucht – von Sara einmal abgesehen. War doch etwas an der auf Fotos gestützten Denunziation ihres damaligen Vorgesetzen dran, ihr Verhältnis zu den Islamisten sei zumindest ambivalent? Auch das schloss Basler bei seiner alevitischen Lebensgefährtin aus. Nein, sie hatte das Antiquitätengeschäft vermutlich im Zuge ihrer Recherche gegen Aslan aufgesucht. Aber allein und so kurz vor Ladenschluss? Hatte sie versucht, sich über Nacht einschließen zu lassen, um für ihre Suche genügend Zeit zu haben? Ihn hatte sie ja nicht vor dem kommenden Nachmittag zurück erwartet. Aber warum hatte sie ihm nichts davon gesagt? Hatte sie nach seinem Abflug etwas erfahren, das sie zu dieser Aktion inspiriert hatte? Wo war sie jetzt? War ihr etwas passiert? Er überlegte, das BKA um Unterstützung zu bitten, verwarf die Idee aber wieder. Es hätte sie beide lächerlich machen oder aber Ayse in Schwierigkeiten bringen können. Stattdessen bereitete er einmal mehr einen Alleingang vor.

Basler setzte die Baseballkappe auf, die er immer im Auto liegen hatte, und stieg aus. Auf einem Umweg näherte er sich zu Fuß dem Antiquitätengeschäft und erkundete dessen Umgebung. Nach Ladenschluss war hier alles ruhig. Er ging durch die Hausdurchfahrt zum Hinterhaus und tat so, als ob er an der Klingel einen Namen suche. Im Hinterhof entdeckte er eine Treppe, die zu einer Kellertür an der Hinterfront des Antiquitätengeschäfts führte. Sie hatte ein normales Schloss, war aber vermutlich elektronisch gesichert. Darauf musste er es ankommen lassen. Basler ging zu seinem Auto zurück und wartete, den Eingang im Auge, bis die Dunkelheit einbrach. Dann machte er sich, mit Pistole, einem Bund Dietriche und einer Taschenlampe bewaffnet, an die Arbeit.

Auf dem Weg zur Kellertür traf er keine Menschenseele, obwohl Mitarbeiter des Geschäfts im Hause wohnten. Vielleicht waren sie alle zum Essen oder zum Training?! Die Kellertür war zu seiner Überraschung nicht verschlossen. Er öffnete sie, ging in den Kellergang und schloss sie wieder hinter sich. Er schaltete die Taschenlampe ein. Auf der rechten Seite des Gangs befanden sich zwei kleinere Räume, sie waren so gut wie leer. Der Gang führte offenbar in den Hauptraum, dessen Tür angelehnt war. Aus ihm konnte Basler jetzt Stimmen hören, eine leise Frauen- und eine kräftige Männerstimme. Basler öffnete die Tür vorsichtig einen Spalt breit und sah Aslan mit einer Pistole in der Hand. Basler hatte keinen Zweifel, dass sie auf Ayse gerichtet sein musste.

Basler zog seine Waffe. Er hörte Aslan hervorstoßen: »Du hast mich erst als Mann verraten und willst mich jetzt als Geschäftsmann ans Messer liefern. Wahrscheinlich hast du mich schon damals nur aushorchen wollen. Jetzt muss ich dich leider aus dem Weg räumen.«

»Zuzutrauen wäre es dir«, sagte Ayse, die die Bewegung an der Tür bemerkt hatte, »raffgierig, wie du bist.«

Basler öffnete die Tür vollends und rief, seine Pistole auf Aslans Kopf gerichtet: »Waffe weg!«, Ayse warf sich zu Boden, Aslan schoss auf sie. Dann drehte er sich, die Waffe in der Hand, schnell zu Basler um. Der schoss ihm in die Stirn.

Basler stürzte zu Ayse, kniete nieder und versuchte, ihren Puls zu fühlen. Sie war tot. Aslans Schuss hatte sie ins Herz getroffen. Basler schloss Ayses Augen, küsste ihre Augenlider und dann tränenüberströmt wieder und wieder ihren Mund. Schließlich hielt er inne. Er wusste instinktiv, dass Aslan auch tot war, was ihm gut tat, der hatte den Tod verdient. Dennoch vergewisserte sich Basler. Danach inspizierte er den ganzen Keller. Was konnte Ayse hier gesucht haben? Wobei hatte Aslan sie überrascht? Anders als in den Nebenräumen standen im Hauptraum Kunstgegenstände, teils in Schutzhüllen, teils in Vitrinen. Aber selbst, wenn es sich um Diebesgut handeln sollte: Dafür hatte Ayse sicher nicht das Risiko auf sich genommen, sich im Laden einschließen zu lassen. Es war aber auch unwahrscheinlich, dass Aslan sie deswegen erschossen hätte. Warum dann? Basler ging noch einmal zu Ayse zurück, küsste ihre Augenlider und ihre Stirn. Am Tatort veränderte er nichts. Dann ging er hoch in den Laden, nachdem er den Bewegungsmelder ausgeschaltet hatte. Auch dort fand er keine Antwort auf seine Fragen. Er rief auf seinem Handy das BKA an, gab seinen Standort durch und bat um Unterstützung.

Während Basler auf seine Kollegen wartete, legte er sich eine erste Aussage zurecht. Er war darin ja relativ frei. Das Ergebnis der Spurensicherung würde für sich selbst sprechen. Es gab keine Zeugen. Im Unterbewusstsein war ihm schon klar, dass zwei Fragen seine Kollegen beschäftigen und ihn selbst lange umtreiben würden: Warum hatte er Aslan nicht sofort die Pistole aus der Hand geschossen und warum hatte er ihn, als es für die Rettung Ayses zu spät war, in den Kopf geschossen?

Die Beamten von BKA und Kripo fanden einen verwirrt wirkenden Basler vor, was ihnen angesichts der Situation am Tatort verständlich erschien. Sie wussten, dass Ayse Güntürk Baslers Lebensgefährtin gewesen war. Er gab seine Waffe ab. Die erste ihn bedrückende Frage blendete er durch die Aussage aus, er sei eine Sekunde zu spät, nämlich erst dann in den Raum gekommen, als Aslan gerade den tödlichen Schuss auf Frau Güntürk abgegeben habe. Die zweite Frage beantwortete er mit Notwehr. Als Aslan die Waffe auf ihn gerichtet habe, habe er zuerst geschossen.

»Notwehr?«, fragte ihn einer der Kripo-Beamten. »Mit einem direkten Kopfschuss?« Er müsse die Gesamtsituation berücksichtigen, belehrte ihn ein Kollege aus dem BKA.

Da Basler ärztliche oder psychologische Betreuung ablehnte, boten ihm seine BKA-Kollegen an, ihn nach Hause zu fahren. Seinen Wagen sollte er auf jeden Fall stehen lassen. Am folgenden Morgen erwarte ihn die Berliner Kripo um 11 Uhr zu einer Anhörung, ergänzte einer der Polizisten. Basler versprach, pünktlich zu erscheinen, ließ sich aber nicht nach Hause, sondern in die Stadtmitte fahren. Was sollte er jetzt – ohne Ayse – in der gemeinsamen Wohnung? Sobald er auf der Straße allein war, flossen wieder die Tränen.

*

Stundenlang wanderte Basler ziellos durch die Straßen. Warum hatte er nicht sofort Verstärkung gerufen, als Ayse nach Ladenschluss nicht aus dem Antiquitätengeschäft herausgekommen war? Warum hatte er bis zum Einbruch der Dunkelheit gewartet, bevor er in den Keller eingebrochen war? Warum hatte er nicht gleich auf Aslan geschossen? Hatte ihn seine grundsätzliche Einstellung zur Gewaltanwendung daran gehindert? Warum

hatte er dann aber anschließend Aslan durch Kopfschuss
getötet, hätte er ihm nicht die Waffe aus der Hand schießen können? Hatte er aus Rache gehandelt, weil Aslan
Ayse mit dem Tod bedroht und auf sie geschossen hatte?
Mit seinen Grundsätzen war das nicht zu vereinbaren.
Galten für ihn andere Maßstäbe, hatte er eine doppelte
Moral? Durch Aslans Tod wurde Ayse nicht wieder
lebendig. Und mit ihr hatte er nicht nur seine Lebensgefährtin, sondern, wie er sie immer für sich genannt hatte,
»seinen Menschen« verloren. Und nicht nur das: Er war
zu ihrem Todesengel geworden, anders als Ayse damals
seinen seltsamen Traum gedeutet hatte. Er trug Mitschuld an ihrem Tod!

Diese Selbstvorwürfe ließen ihn, als er durch die
Nacht wanderte, der Verzweiflung nahe kommen. Plötzlich stand er vor dem Haus, in dem Sara wohnte. Hatte
der Schmerz um Ayse ihn zu ihr geführt? Er schaute auf
die Uhr, es war 2 Uhr nachts. Trotzdem klingelte er bei
ihr. Sie meldete sich nach einiger Zeit an der Sprechanlage: »Ja?«

»Sara, ich bin es, Andreas.«

»Andreas! – Du kommst mitten in der Nacht zu mir?!«

»Es ist etwas Schreckliches passiert.«

»Was denn?«

»Nicht über die Sprechanlage.«

»Entschuldige.« Sie drückte den Öffner der Haustür.
An ihrer Wohnungstür empfing sie Basler in Nachthemd
und Bademantel. Als sie ihn sah, wusste sie sofort, dass
er nicht auf ein erotisches Abenteuer aus war. »Komm

rein und häng die nasse Jacke auf. Du siehst ja furchtbar aus.«

»Es ist auch etwas Furchtbares geschehen.« Er trat wie in Trance in ihre Wohnung, ließ sich auf ein Sofa fallen und schaute sie mit verweinten Augen an: »Ayse ist tot!«

Sara stand einige Augenblicke reglos da. Dann brach es aus ihr heraus: »Du hast sie aus Eifersucht umgebracht! Du Idiot von einem Mann! Ich hätte es ahnen und sie warnen müssen. Jetzt triefst du vor Selbstmitleid. Wein mir nichts vor, mach, dass du hier raus kommst!« Nach diesem Aufschrei warf sie sich in einen Sessel und begann, hemmungslos zu weinen.

Basler schaute sie lange verständnislos an, bevor ihm klar wurde, was sie geschrien hatte. Er reagierte auf ihre Vorwürfe aber nicht empört. Sie verstärkten nur seine Selbstvorwürfe. Nach einer Weile stand er vom Sofa auf, setzte sich auf die Armlehne von Saras Sessel und sagte leise: »Sara, dein Schmerz lässt dich ungerecht werden. Ich habe Ayse nicht umgebracht. Ich habe aber nicht verhindert, dass Aslan sie erschossen hat. Das ist schlimm genug.«

Sara fühlte, dass er die Wahrheit sagte und schämte sich für ihren unglaublichen Vorwurf. »Entschuldige, Andreas, dass ich dich so beschimpft habe, ohne zu wissen, was passiert ist. Die Nachricht hat mich völlig aus der Fassung gebracht.« Sie strich über seine Hand und stand dann auf. »Du musst mir gleich alles erzählen. Erst einmal mache ich uns jetzt einen Kaffee. Ich brauche einen Moment, um zu mir zu kommen.«

Als Sara für sie beide am Sofa Kaffee serviert hatte, erzählte ihr Basler, was sich am und im Antiquitätengeschäft zugetragen hatte. Seine Selbstvorwürfe behielt er für sich, nicht aber den Umstand, dass er weder wusste, warum Ayse kurz vor Ladenschluss in das Geschäft gegangen war, noch warum Aslan sie ermordet hatte.

»Ayse ist heute Abend allein in das Antiquitätengeschäft gegangen?«, fragte Sara nach einer Weile.

»Das habe ich doch gerade erzählt.«

»Ich frage dich, weil ich Ayse vor einer Woche gebeten hatte, für mich in das Geschäft zu gehen. Und das hat sie dann auch getan.«

»Warum denn das? Sie wusste doch, dass die deutschen Behörden gegen Aslan und das Antiquitätengeschäft ermitteln«, sagte Basler mit einem Anflug von Zorn.

Sara zeigte auf das Geschenk ihres Onkels, das oben im Bücherregal stand. Basler schaute nur kurz hin. Dann erzählte sie ihm die Geschichte von den vielen Seltsamkeiten, die mit dem Transport und der Auslieferung des Reliefstücks verbunden waren. Sie habe Ayse überredet, ins Antiquitätengeschäft zu gehen, um unter einem Vorwand nach der ihr vorenthaltenen Transportverpackung zu fragen. Sie sei auf die Reaktion des Geschäftsführers neugierig gewesen. Der habe behauptet, die Kiste sei schon »entsorgt« worden, da sie im Keller keinen Platz hätten.

»Das war die reine Unwahrheit. Dort ist jede Menge Platz«, warf Basler ein. »Aber warum habt ihr beiden mir von der ganzen Geschichte kein Wort gesagt? Sehr professionell war das nicht.«

Sara verschwieg ihm, dass sie aus Angst, eine Gerüchtewelle loszutreten, Ayses Vorschlag, die Botschaft, auf jeden Fall aber ihn zu unterrichten, verworfen hatte. Ein Eingeständnis würde an dem Geschehenen auch nichts mehr ändern, sagte sie sich.

»Und sie hat dir nicht gesagt, dass sie noch einmal in das Antiquitätengeschäft gehen will?«

»Nein, kein Wort.«

»Für mich ist euer Verhalten so unverständlich wie der spätere Alleingang Ayses«, sagte Basler ruhig. »Aber ich bin nicht gekommen, um zu streiten. Ich habe genug mit mir selbst auszumachen. Ayse lebt nicht mehr und ich fühle mich an ihrem Tod mitschuldig. Der Schmerz raubt mir noch den Verstand!«

Sara fuhr mit der Hand über Baslers Haar. »Ich verstehe deinen Schmerz, Andreas. Er ist auch meiner. Es ist kein geteiltes und darum, wie das Sprichwort sagt, halbes Leid. Es ist ein doppelter Schmerz.« Sie küsste ihn auf die Wange. Er nahm sie in den Arm und begann, sich an ihrem weißen Hals auszuweinen. Bald flossen beider Tränen ineinander. Als sie Saras Brüste erreichten, verband sich deren Sehnsucht nach Trost mit dem Verlangen nach körperlicher Vereinigung und auch Basler griff in seiner Trauer nach diesem Strohhalm. Schweigend liebten sie sich den Rest der Nacht. Beide mochten glauben, auch Ayse in ihren Armen zu halten.

Am nächsten Morgen flüsterte Basler: »Es war sehr schön, aber nicht richtig.«

160

»Was ist schon richtig«, antwortete Sara und stand auf, um Frühstück zu machen. Basler musste um 11 Uhr zur Kripo. Und vorher musste er sich noch umziehen.

»Kommst du heute Abend wieder?«, wollte Sara wissen.

»Ich weiß noch nicht«, antwortete Basler ausweichend. »Ich rufe dich an.«

*

Die polizeiliche Anhörung begann mit der Mitteilung des vernehmenden Beamten, die Spurensicherung habe Baslers Angaben bestätigt, dass Ismail Aslan Ayse Güntürk erschossen habe und selbst durch eine Kugel aus Baslers Dienstwaffe getötet worden sei. Dann musste Basler seine Version der Geschehnisse zu Protokoll geben. Er blieb bei seiner schon am Tatort gemachten Aussage.

»Und Sie haben keine Ahnung, warum Frau Güntürk im Keller des Antiquitätengeschäfts war, sich dort vermutlich eingeschlichen hatte?«

»Nein.« Er schaute dem Kollegen in die Augen. »Sie wissen aus dem Verfahren gegen die Terroristen-Gruppe an der Uni, dass Aslan verdächtigt wird, die Gruppe finanziell unterstützt zu haben. Auch sein Antiquitätengeschäft wird seitdem unter die Lupe genommen. Ein Anfangsverdacht, der ein Ermittlungsverfahren rechtfertigen würde, hat sich bisher aber noch nicht ergeben. Mit einer Ausnahme: Gegen den jordanischen Geschäftsführer des Antiquitätengeschäfts ist ein Ermittlungsverfahren wegen Geldwäsche eingeleitet worden.«

»Ich kenne den Vorgang. Wollte Güntürk sich Ihrer Meinung nach in diesem terroristischen Zusammenhang im Antiquitätengeschäft umsehen?«

»Das kann ich mir eigentlich nicht denken. Als Angehörige der türkischen Botschaft wollte sie vielleicht eher Vorwürfen nachgehen, die Firma von Aslan sei in den illegalen Handel mit geraubten Kunstwerken aus dem Irak verwickelt. Aber ich weiß das nicht.«

»Hätte das allein für Aslan ein Grund sein können, Ayse Güntürk zu erschießen?«

»Das weiß ich erst recht nicht.«

»Sie hatten Sorge, Frau Güntürk sei in Schwierigkeiten und wollten ihr helfen?«

»Ja, aber ich bin zu spät gekommen.«

»Und warum haben Sie danach Aslan erschossen?«

»Ich stand, meine Waffe auf seinen Kopf gerichtet, an der Kellertür und hatte fast gleichzeitig mit seinem Schuss auf Frau Güntürk gerufen: ›Waffe runter!‹ Er drehte sich schnell zu mir um, seine Pistole auf mich gerichtet. Ich drückte sofort ab. Als Zeuge seines Mordes an Frau Güntürk musste er mich aus dem Weg räumen, das wollte ich verhindern.«

»Es hätte doch ausgereicht, ihm die Pistole aus der Hand zu schießen oder ihn mit einem anderen Schuss kampfunfähig zu machen?!«

»Dazu war keine Zeit. Ich bin ihm nur um den Bruchteil einer Sekunde zuvorgekommen.«

»Über die Frage, ob das Notwehr war, wird vielleicht ein Gericht entscheiden müssen.«

»Das mag sein. Für mich war es ein klarer Fall von Notwehr.«

»Das BKA hat Sie bis zum Abschluss der Untersuchung vom Dienst beurlaubt.«

»Das war mir klar.«

Die Abstimmung zwischen Kripo und BKA über eine Presseerklärung zu dem Fall dauerte etwa doppelt so lange, wie die Anhörung gedauert hatte. Schließlich ließen die Behörden folgendes verlauten:

»Im Keller eines Berliner Antiquitätengeschäfts ist in der vergangenen Nacht eine Mitarbeiterin der türkischen Botschaft von einem türkischen Kaufmann aus Berlin erschossen worden. Ein BKA-Beamter, der der Frau zu Hilfe kommen wollte, hat den Täter anschließend – nach seinen Angaben in Notwehr – erschossen. Die Hintergründe des Dramas sind noch nicht völlig geklärt. Möglicherweise sind Vorwürfe des Kunstraubs und des illegalen Kunsthandels Auslöser des blutigen Dramas gewesen. Der BKA-Beamte ist bis zum Abschluss der Untersuchungen beurlaubt worden.«

Basler fuhr ins BKA, um seinen Zypern-Bericht zu diktieren und sich dann bei Engler abzumelden.

»Tut mir leid, Basler«, begrüßte ihn Engler. »Die Beurlaubung war unumgänglich.«

»Natürlich«, antwortete Basler. »Ich packe, wenn Sie einverstanden sind, in meinem Büro ein paar Sachen ein, die ich in der Zwangspause endlich erledigen möchte. Sollten Sie mich irgendwie brauchen – etwa im Zusammenhang mit dem Zypern-Bericht – wissen Sie, wie Sie mich erreichen können.«

»Einverstanden. Sie bleiben in Berlin?«

»Ja. Vielleicht will mich ja die Kripo noch einmal sehen.«

Engler legte Basler zum Abschied die Hand auf die Schulter. »Es wird schon in Ordnung gehen, Basler. Angesichts des Todes von Frau Güntürk habe ich leider keinen Trost für Sie.« Basler nickte und verließ das Amt.

In der Mittagszeit rief Basler Sara an: »Kannst du nach Dienstschluss zu mir kommen? Ich möchte einiges mit dir besprechen, zum Beispiel Ayses Beerdigung.«

»Wäre 19 Uhr recht?«

»Ja. Ich mache uns was zu Essen.«

Als Sara kam, küsste sie Andreas flüchtig und sah sich dann in der Wohnung um. »Hier habt ihr also gelebt. Ich bin nie in Ayses Wohnung vorgedrungen. Sie wollte das nicht, deinetwegen.«

Basler ging darauf nicht ein. »Ich wollte mit dir darüber reden, wie wir Ayse beerdigen sollten.«

»Ich würde sagen, auf einem islamischen Friedhof. Der alte bei der Moschee in Neukölln ist belegt. Bleibt also nur das islamische Gräberfeld des Landschaftsfriedhofs in Gatow.«

»Ich glaube nicht, dass meine Alevitin das gewollt hätte«, sinnierte Basler. »Sie hielt den alevitischen Glauben eher für eine Lehre der richtigen Lebensführung als für eine Religion. Und außerdem: Ich möchte eines Tages neben ihr begraben werden, das ginge auf einem muslimischen Friedhof nicht.«

»Das verstehe ich. Ich fürchte aber, wir beide können das nicht entscheiden. Da wird die Botschaft ein Wort mitreden wollen, und die wird ihre Verwandten in der Türkei fragen.«

»Sie muss ein Testament hinterlassen haben«, fiel Basler plötzlich ein. »Angesichts der Gefahren ihres Berufes hat sie sicher eins gemacht.«

»Hast du eins gemacht?«

»Schon lange.«

»Dann lass uns nach Ayses Testament suchen.«

Nach gut einer Stunde fand Sara in Ayses Papieren die Kopie eines bei einem Notar hinterlegten Testaments. Es war keine zwei Jahre alt. Ayse hatte es wohl aufgesetzt, als sie sich nach Ende der gegen sie gerichteten Disziplinarverfahren mit Basler zusammengetan hatte. Ayse hatte in dem Testament bestimmt, dass sie auf einem »nicht-religionsgebundenen Friedhof in Berlin« begraben werden wolle. Damit war das klar. Sie entschieden sich für den Friedhof in Wilmersdorf. Basler schlug vor: »Vielleicht sollten wir den alevitischen Hodscha, mit dem Ayse befreundet war, fragen, ob er die Bestattungszeremonie vornehmen kann.«

Ayse hatte verfügt, dass Basler und Sara sich je ein Erinnerungsstück an sie aus ihrer Hinterlassenschaft aussuchen sollten. Den ganzen Rest, einschließlich des Geldes

165

auf ihrem Konto, hatte sie einer türkischen Sozialeinrichtung vermacht, die sich um bedürftige Familien der türkischen Minderheit in Berlin kümmerte. Basler behielt ein silbern gerahmtes Foto für sich, das Ayse und ihn, jung und glücklich, vor der Blauen Moschee in Istanbul zeigte. Auf der Rückseite stand »4. März 79«. Sara nahm sich die Kette aus Halbedelsteinen, die Ayse getragen hatte, als sie sie zum ersten Mal besucht hatte.

Andreas Basler und Sara Akşin gingen zusammen zur Beerdigung. Die Größe der Trauerschar, die sich auf dem Friedhof versammelt hatte, überraschte beide: Botschaftsangehörige, Mitarbeiter befreundeter Botschaften, Mitglieder des Aleviten-Vereins, viele Angehörige der türkischen Minderheit, darunter ganze Familien, denen Ayse vielleicht einmal geholfen hatte, deutsche Freunde und Bekannte. Die Bestattungszeremonie leitete der alevitische Hodscha.

Als Ayses Sarg ins Grab gesenkt wurde, fasste Sara Baslers Hand und ließ sie nicht mehr los. Sie suchten jetzt in anderer Weise Trost und Halt aneinander als in der Unglücksnacht. Für den Nachmittag lud Sara Basler zu einem Kaffee in ihre Wohnung ein.

*

Sara hatte in ihrer Wohnung nichts weggestellt, was an Ayse erinnerte, begann aber sofort mit einem »dienstlichen« Gespräch.

»Was wirst du tun solange du beurlaubt bist?«

»Dasselbe wie bisher, nur zu Hause statt im Amt. Ich muss sie alle kriegen!«

»Wen alle?«

»Die Islamisten, die schuld sind an Ayses Tod.«

»Du hast Aslan doch schon erschossen?!«

»Es ist doch nicht nur Aslan.«

Sara fasste ihn zart unters Kinn: »Andreas, heute Morgen hast du an Ayses Grab um Vergebung gebetet. Lass dich von deinem Schmerz nicht in einen Rache-Rausch treiben. Von Rache verstehen wir Juden ohnehin mehr.«

»Was dabei herauskommt, sieht man in Israel.«

»Eben. Bleib bei deiner Arbeit als BKA-Mann.«

»Das werde ich tun. Ich werde noch mehr Druck machen, den ganzen Aslan-Klüngel zu durchleuchten. Sie haben bisher nicht einmal das Antiquitätengeschäft und das Haus durchsucht. Wir müssen auch wissen, wer im Umfeld von Aslan sein Nachfolger wird. Ich bin fest überzeugt: Er hatte Verbindungen zu der Gruppe in der Uni. Wir müssen wissen, was an deren Stelle tritt: die Angestellten aus dem Antiquitätengeschäft?«

Nach einer Weile fragte Sara wie nebenbei: »Kann so eine Gruppe auch mit ABC-Waffen umgehen?«

Basler stutzte und dachte an sein Gespräch auf Zypern. War Sara doch über den Verdacht des Mossad informiert? Er antwortete sachlich: »Kaum. Solche örtlichen Gruppen können den Umgang mit Sprengstoff lernen. Sie haben aber keine Spezialisten für chemische oder biologische Waffen.«

»Du lässt Nuklearwaffen aus.«

»Die haben die Terroristen nicht. Sie können sie nicht, oder noch nicht, selbst herstellen und die so genannten ›Schurkenstaaten‹ werden aus Angst vor Vergeltung große Hemmungen haben, sie ihnen zu liefern.«

»Es müssen ja keine Staaten sein. Denk an den Nuklear-Export pakistanischer Wissenschaftler oder an den russischen Nuklear-Basar nach dem Ende der Sowjetunion.«

Basler fasste Sara hart an den Schultern. »Treib keine Spielchen mit mir. Worauf willst du hinaus?«

Sara schob Baslers Hände von ihren Schultern: »Ich muss dir etwas sagen, das ich dir nicht sagen darf. Es kann mich eine hohe Strafe kosten.«

»Ich weiß«, kam ihr Basler zuvor. »Es gibt Gerüchte über einen bevorstehenden Terrorangriff mit Massenvernichtungswaffen.«

Sara reagierte erregt: »Es gibt mehr. Es gibt den Verdacht, dass aus einem Rüstungslabor, wahrscheinlich einem amerikanischen, eine nukleare Mini-Bombe entwendet und nach Deutschland gebracht worden ist.«

Basler zwang sich, ruhig zu bleiben. »Das halte ich für Unsinn. Wenn der El Kaida in Amerika eine solche Waffe in die Hand gefallen wäre, würde sie sie sofort gegen ein Ziel in Amerika einsetzen. Die Amerikaner lassen sich so etwas auch kaum klauen. Eher die Russen. General Lebed hat sogar behauptet, eine nicht unbeträchtliche Zahl von *Mini-Nukes* sei nach dem Zusammenbruch der Sowjetunion entwendet und verscherbelt worden.«

168

»Was weißt du über solche Waffen?«

Basler überlegte. »Eigentlich nur das Allgemeine. Die Atomwaffenmächte basteln seit vielen Jahren an solchen Waffen, vor allem die USA, Russland und China. Es fing wohl mit der Entwicklung von bunkerbrechenden *Nukes* an, die selbst tief in die Erde eingegrabene und besonders gehärtete Führungsbunker sowie chemische und biologische Waffenlager zerstören sollen: zielgenaue Bomben und Sprengköpfe für Marschflugkörper. Dann kamen – ich glaube, im Zusammenhang mit der Entwicklung von so genannten ›Neutronenbomben‹ – nukleare Artillerie-Granaten gegen Truppenansammlungen und flächendeckende Panzerangriffe an die Reihe. Schließlich hat man sich den *Minis* zugewandt. Kleine Nuklearbomben, die von Einsatzkommandos an Punktziele gebracht werden können. Bei diesen *Minis* ist die Miniaturisierung der komplizierten Nuklearbomben-Technik das Problem. Die Prototypen sollen inzwischen weniger als 30 Kilo wiegen. Das alles steht unter strenger Geheimhaltung. Genaueres darüber ist nicht bekannt.«

»Nennt man diese Minibomben auch ›Kofferbomben‹ oder ›Rucksackbomben‹?«

Basler war baff. Ihm fielen die »Rucksacktouristen« seines Gesprächspartners auf Zypern ein. Er kniete sich vor Sara hin, fasste ihr unter das Kinn und sagte mit großem Nachdruck: »Nun hör mal zu, Kleine. Du spielst mit dem Feuer, und das nur, weil du Angst hast, in einen Skandal hineingezogen worden zu sein. Es geht hier aber um mehr als um dich!«

Da Sara schwieg, verstärkte Basler den Druck unter ihrem Kinn: »Nun gut, dann werde ich dir jetzt mal etwas erzählen. Also: Das Gerücht betrifft weder eine amerikanische noch eine russische, sondern eine israelische *Mini-Nuke*.« Sara nickte. »Und du hast Angst, das könnte etwas mit dem geheimnisvollen Geschenk deines seltsamen Onkels zu tun haben.«

»Ja«, brach es aus Sara heraus. »Er arbeitet seit Jahrzehnten in einem Rüstungslabor in Dimona an israelischen Nuklearwaffen. Meine Angst ist, er könnte das Geschenk und damit auch mich missbraucht haben, um eines seiner ›Forschungsprodukte‹ nach Deutschland, nach Berlin zu bringen.«

»Und warum nach Deutschland und nach Berlin?«

Das weiß ich nicht. Aber ich weiß, ich habe es dir und Ayse ja an meinem Geburtstag erzählt, dass er Deutschland, das ›Land der Judenmörder‹, hasst. Auch das heutige Deutschland ist in seinen Augen nicht viel besser. Da feiere der Antisemitismus fröhliche Urständ, pflegt er zu sagen, obwohl es da kaum noch Juden gebe. Und Neo-Nazis schändeten die wenigen jüdischen Friedhöfe, die das so genannte ›Dritte Reich‹ überstanden hätten und lieferten Mordopfer für neue Friedhöfe. Berlin, wo er geboren worden ist, ist für ihn das Symbol dieses Deutschlands.«

»Du meinst, er will, dass die *Mini-Nuke* hier eingesetzt wird?«

»Ich hoffe es nicht und glaube es eigentlich auch nicht, kann es aber nicht ausschließen. Er ist ein bedeutender

Wissenschaftler, war aber seit jeher auch etwas welt-fremd-entrückt.«

»Und wer könnte die Bombe hier ins Ziel bringen?«

»Auch das weiß ich natürlich nicht. Ich fürchte aber angesichts der Verwicklungen mit der Antiquitäten-handlung Aslans: islamistische Terroristen.«

Basler schüttelte den Kopf. »Die hält er doch sicher für Todfeinde.«

»Ebenso wie die Deutschen.«

»Versteh ich nicht.«

»Er könnte versuchen, zwei Fliegen mit einer Klappe zu schlagen oder, wie er es ausdrücken würde, zwei Gift-spinnen mit einem Tritt zu zertreten. Die Deutschen wä-ren die Opfer und die Islamisten wären als nukleare Mas-senmörder gebrandmarkt und würden mit solch einem Anschlag wohl endgültig die Verachtung und vielleicht auch den Hass von Menschen in aller Welt, selbst in isla-mischen Ländern, auf sich ziehen.«

Basler fasste sie an den Schultern und schüttelte sie. »Sara, du bist nicht nur verrückt genug, ein solch irrsin-niges Szenario für möglich zu halten. Du warst auch ver-rückt genug, es für dich zu behalten, aus Angst, selbst weiter hineingezogen zu werden. Das habe ich von dir nicht erwartet und Ayse hätte es sicher auch nicht getan. Du hast mich enttäuscht.«

»Ich habe den Mossad von allem unterrichtet.«

»Ja, und von dem ist es dann in einer homöopathischen Dosis als allgemeines Gerücht an uns weitergegeben worden. Dein ›naiv-entrückter‹ Onkel ist mit Sicherheit längst verhaftet und verhört worden und wie du ihn mir schilderst, wird er sich auch zu seiner Tat bekannt haben. Aber da man von israelischer Seite nicht zugeben will, dass es sich um eine israelische Waffe handelt, hat man uns mit Andeutungen abgespeist.«

»Der Mossad wird alles tun, um den Einsatz einer israelischen *Mini-Nuke* zu verhindern. Und alles, um die Bombe wieder zurückzubekommen.«

»Davon bin ich überzeugt«, lachte Basler bitter. »Aber jetzt werden wir erst einmal dem Mossad Feuer unter dem Hintern machen.«

»Bitte gib diese Informationen oder richtiger: Vermutungen nicht weiter, Andreas. Du bringst mich ins Gefängnis!«

»Wie ich schon sagte, es geht um mehr als um dich oder mich. Ich muss das alles sofort weitergeben.«

Sara sackte in ihrem Sessel zusammen und murmelte schließlich: »Tu, was du ohnehin nicht lassen wirst.«

Basler stand auf und verließ Sara, um ins Bundeskriminalamt zu fahren.

Engler unterrichtete die Leitung des BKA von Baslers Informationen. Die trat sofort zusammen. Ob man eine solche Bombe auch mit einer Gefechtsfeldrakete ins Ziel bringen könnte, wurde Basler gefragt. »Meines Wissens nicht«, lautete seine Antwort. »Aber die brauchen die Terroristen ja gar nicht – nur einen Rucksack.«

Der Chef des BKA informierte den Innenminister, der rief die Spitzen der Sicherheitsdienste zusammen: Jetzt werde es ernst für die Weltmeisterschaft 2006 und das Olympiastadion in Berlin. Nach Abstimmung mit der CIA gab es einen Riesenkrach mit dem Mossad und am Ende das feierliche Versprechen der beteiligten Regierungen zu vollständiger Aufklärung und Zusammenarbeit gegen diese nukleare Bedrohung.

*

Als Basler mich anrief, wusste ich schon alles. Kollege Engler hatte mich angerufen und mir erzählt, was geschehen war. Von den Andeutungen des Mossad und Baslers Reise nach Zypern über den Tod Ayse Güntürks bis zu dem Verdacht von Sara Akşin. Das Drama spitzte sich weiter zu. Das Drama des islamistischen Terrorismus wie Baslers persönliches Drama.

Da ich nicht wusste, wer Sara Akşin war, fragte ich Engler. Der erklärte es mir, konnte mir über die Beziehung Baslers zu der Frau aber keine Auskunft geben. Engler hatte zwei Bitten an mich. Ich sollte mich um Andreas Basler kümmern, der sich sicher bald bei mir melden würde. Und ich sollte die neue Gefahrensituation analysieren und ihn wissen lassen, was ich dem BKA raten würde.

»Ich werde mit Basler reden«, versprach ich. »Ob es etwas helfen wird, weiß ich nicht, da erfüllt sich ein Schicksal. Was die neue Lage betrifft, habe ich keinen Zweifel, dass die Sicherheitsbehörden die Geschichte ernst nehmen müssen. Entsprechen die bisher bekannten Tatsachen denn wirklich diesem irren Szenario?«

»Im Wesentlichen ja«, antwortete Engler. Der jetzt sehr kooperative Mossad habe in einem ersten, auf Englisch abgefassten Bericht mitgeteilt, dass der Beschuldigte sich dazu bekannt hat, einen von ihm in seinem Labor gebauten nuklearen Sprengkörper entwendet und auf den Weg nach Deutschland gebracht zu haben. Als Motiv habe er Hass auf Deutschland und auf die Islamisten angegeben. Akşin liege mit ihren so verrückt klingenden Vermutungen also richtig. Weiter gehe das Geständnis bisher nicht. Der Beschuldigte habe erklärt, er sei kein Mann, der von ihm angeworbene Helfer verrate. Er werde keine weiteren Aussagen machen.

»Ein Ehrenmann«, kommentierte ich lakonisch. »Die werden ihn schon noch dazu bringen, mehr zu erzählen.«

»Nach meinem Eindruck ein etwas verwirrter Mann. Die Spur der Mini-Bombe scheint über die Filiale der Antiquitätenhandlung von Aslan in Haifa zu führen. Die israelische Polizei hat die Firma gefunden, die den Transport nach Berlin durchgeführt hat. Sie zählt die Antiquitätenhandlung seit langem zu ihren Kunden. Auf dem Zollschein steht das von Frau Akşin angegebene Gewicht: dreiundvierzig Kilogramm. Schwierigkeiten mit dem Zoll habe es nicht gegeben, da die Sendung offiziell als ›Diplomatengepäck‹ gekennzeichnet gewesen sei. Wie der Beschuldigte das bewerkstelligt hat, hat man noch nicht herausgefunden. Zwecks ›diplomatischer‹ Tarnung dürfte er als Adresse auf Sara Akşin und die türkische Botschaft in Berlin verfallen sein.«

»Haben die Behörden in der Antiquitätenhandlung, in Aslans Büro oder im Tonwerk am Grimnitzsee irgendeinen Hinweis darauf gefunden, dass dort zeitweilig nukleares Material gelagert worden ist?«, wollte ich wissen.

»Nein. Radioaktive Spuren konnten bisher nicht festgestellt werden. Auch Hinweise anderer Art, Verpackung etc., haben wir bisher nicht gefunden.«

»Vielleicht hat der Mann mit der Sendung an das Antiquitätengeschäft in Berlin nur eine falsche Spur legen wollen?«

»Das ist möglich. Wir können nicht einmal ausschließen, dass er gar keine Bombe verschickt hat, sondern mit der Behauptung nur den Islamisten eins auswischen wollte. Aber: Die Bombe fehlt. Nach Angaben von Mitarbeitern des Rüstungslabors soll sie etwa fünfundzwanzig Kilogramm wiegen.«

»Sind die Informationen über die Bildung eines Spezialistenteams im Irak für einen Einsatz im deutschsprachigen Raum vom Mossad noch einmal bestätigt worden?«

»Ja. In einem wesentlichen Punkt sind sie sogar konkretisiert worden. Unter den Spezialisten soll sich ein in Karatschi geborener pakistanischer Atomwissenschaftler befinden, dessen Verbindung zur El Kaida dem Mossad und der CIA seit längerem bekannt ist. Und auch der BND hat inzwischen Hinweise auf die Aufstellung eines solchen Teams.«

»Gibt es Verbindungsstücke zwischen den Meldungen über die Bildung eines solchen Kommandos und dem Diebstahl der Mini-Bombe?«

»Keine direkten. Man muss zwei und zwei zusammenzählen. Nach dem jetzigen Stand müssen wir davon ausgehen, dass die Bombe in Deutschland ist und von einem Spezialkommando ins Ziel gebracht werden soll. So viel für heute«, schloss Engler. »Helfen Sie uns bitte weiter mit Ihren Überlegungen – und kümmern Sie sich um Basler.«

Ich meldete mich nicht bei Basler, da ich wusste, dass ich ihn nicht trösten konnte. Ich hielt es für besser, auf seinen Anruf zu warten. Als der kam – Basler hatte in Meckenheim etwas wegen seiner Beurlaubung zu besprechen – lud ich ihn ein, wieder nach Ittenbach zu kommen.

Ich hatte damit gerechnet, dass Basler in einem schlechten seelischen Zustand sein würde, sein Anblick machte mir aber geradezu Angst.

»Es tut mir sehr leid, Andreas«, begrüßte ich ihn. »Ich kann mir denken, was der Verlust von Ayse für Sie bedeutet. Vor allem nachdem sie erst kurze Zeit wieder zusammen waren und nun in Berlin sogar eine gemeinsame Wohnung gefunden hatten.«

»Danke, Walter«, murmelte Andreas. »Ich war noch nie so alleine, wie ich es jetzt bin. Und die Vorwürfe, die ich mir machen muss, machen die Sache nicht leichter.«

»Sie sind überflüssig.«

»Walter, ich habe in den Anhörungen nicht die ganze Wahrheit gesagt. Wenn Sie die gehört haben, werden Sie anders urteilen. Ich muss versuchen, mit mir ins Reine zu kommen. Ich muss beichten.«

Da ich in unseren Gesprächen über seine Vergangenheit gelegentlich den Eindruck gewonnen hatte, dass er mir nicht die volle Wahrheit gesagt hatte, warnte ich ihn. »Andreas, als Protestant kennen Sie sich im Beichten nicht so aus. Es gilt das Beichtgeheimnis. Absolution gibt es nur, wenn Sie die Wahrheit sagen und bereuen.«

Basler erzählte mir die ganze Geschichte und zählte die Vorwürfe auf, die er sich machen müsse. Vor allem, dass er Aslan nicht sofort kampfunfähig geschossen, ihn hinterher aber erschossen habe. »Ich bin da sehr durcheinander. Denn der erste Fehler hängt wohl mit meinen Grundsätzen über Gewaltanwendung zusammen, der zweite aber mit einem mir bisher fremden, mit meinen Grundsätzen unvereinbaren Bedürfnis nach Rache.«

»Andreas, lassen wir doch mal die Grundsätze weg. Wie Sie gerade erfahren haben, sind die in einer konkreten Gefahrensituation oft wenig hilfreich. Die Frage ist: Waren Ihre Reaktionen der Situation angemessen? Meine pragmatische Antwort darauf wird Ihnen nicht gefallen: Da Sie gehört hatten, dass Aslan, mit der Pistole in der Hand, Ayse gedroht hat, sie zu erschießen, hätten Sie sofort von Ihrer Waffe Gebrauch machen müssen – aber natürlich nicht für einen Kopfschuss. Ob der hinterher, als Aslan sich Ihnen zuwandte, als Notwehr gerechtfertigt war, ist für mich schwer zu beurteilen. Auf den ersten Blick würde ich es verneinen. Aber das hängt ganz von der Situation ab. Wie schnell hat Aslan sich umgedreht? Hätten Sie noch Zeit gehabt, die auf seinen Kopf gerichtete Waffe zu justieren? Für Sie spricht die an Gewissheit grenzende Wahrscheinlichkeit, dass er entschlossen war, auch Sie zu töten, um den einzigen Zeugen seines Mordes an Ayse aus dem Weg zu räumen. Dann hätte er beide Leichen vermutlich erst einmal verschwinden lassen können. Die Schüsse im Keller hatte ja außer Ihnen niemand gehört.«

»Sie bestätigen meine Mitschuld an Ayses Tod!«

»Sagen wir so: Ich verstehe insoweit Ihre Selbstvorwürfe. Aber lassen Sie sich von ihnen nicht in Verzweiflung treiben, so groß Ihr Schmerz sein mag. Man darf sich von ihm nicht erdrücken lassen, schon gar nicht in unserem Beruf.«

»Was soll ich denn tun?«

»Weiterarbeiten, Andreas! Beurlaubung hin oder her. Die wird ja bald aufgehoben werden.«

»Engler hat die Gruppe ›Weltmeister‹ aufgelöst. An ihre Stelle tritt jetzt eine Koordinierungsgruppe von BKA, Verfassungsschutz und BND mit Verbindungsleuten zu den befreundeten Diensten.«

»Das ist auch notwendig.«

»Aber ich bin nicht dabei.«

»Andreas, Sie können auch außerhalb einer solchen Gruppe mitarbeiten, selbst während Sie beurlaubt sind. Ich habe zum Beispiel einige Fragen an Sie.«

»Ich höre.«

»Haben Sie nicht den geringsten Anhaltspunkt dafür, warum Ayse Güntürk kurz vor Ladenschluss in das Antiquitätengeschäft gegangen ist?«

»Ich vermute, im Zusammenhang mit den Ermittlungen gegen Aslan und seine Leute. Jedenfalls nicht wegen des illegalen Kunsthandels.«

»Und warum hat sie Ihnen nichts davon erzählt?«

»Weil ich in Zypern war. Sie hat entweder etwas Neues über die Mini-Bombe erfahren oder sie ist beim Nachdenken über die Seltsamkeiten des Geschenks an Sara zu dem Schluss gekommen, dass in der Antiquitätenhandlung Beweise für Aslans Verwicklung in die Sache zu finden sein müssten. Aber die gab es da nicht, vielleicht nicht mehr. Aslan war jedenfalls so alarmiert, dass er sie erschossen hat.«

»Wer ist eigentlich diese Frau Akşin?«

»Eine Kollegin von Ayse im Wissenschaftsreferat der türkischen Botschaft. Sie hat ihr damals die anonyme Warnung geschickt.«

Andreas Basler machte eine kleine Pause und schob dann nach: »Sie ist ungewöhnlich reizvoll: jung, schön und intelligent.«

Ich schaute Basler eine Weile an. »Sie haben etwas mit ihr?«

»Fällt das noch unter das Beichtgeheimnis?«

»Natürlich.«

»Ich hatte nichts mit ihr, aber Ayse.«

»Wie bitte?«

»Sie haben richtig gehört. Wo die Liebe halt hinfällt.«

Dass er mit Sara in der Unglücksnacht geschlafen hatte, aus Verzweiflung sozusagen, verschwieg er mir. Ich las es später in seinem Tagebuch.

»Dann kann Sara Akşin Ayse Güntürk über das Mini-Bomben-Gerücht unterrichtet haben?«

»Sie könnte es. Aber ich bin ziemlich sicher, Sara hat ihr nichts erzählt. Sie hat aus Angst, in einen großen Skandal hineingezogen zu werden, bis nach Ayses Tod geschwiegen. Leider.«

»Warum kam Aslan just in dem Moment in den Keller, als Ayse sich dort umsah?«

»Ich weiß es nicht. Vielleicht Zufall. Er hat in dem Haus ja eine Wohnung. Oder er wurde, falls sich Ayse auch im Laden umgesehen hat, durch die dort angebrachten Bewegungsmelder alarmiert. Im Keller gibt es keine.«

Ich wechselte das Thema. »Welchen Eindruck hatten Sie von Ihrem Gesprächspartner auf Zypern?«

»Einen professionellen.«

»Und die anschließende Warnung des Arabers?«

Basler zuckte mit den Schultern. »Die sollte mir Beine machen. Sie wissen doch, Geheimdienste sind oft skrupellos, manchmal aber auch kindisch.«

»Lassen Sie das nicht den Mossad oder den BND hören. Was halten Sie von den Meldungen über die Zusammenstellung eines El-Kaida-Kommandos im Irak?«

»Ich nehme sie ernst. Damit kann ich mich jetzt aber nicht auch noch beschäftigen.«

»Nein. Sie sollten sich meines Erachtens auf die Frage konzentrieren, wo die Mini-Bombe jetzt sein könnte.

Gehen Sie dabei davon aus, dass sie an die Antiquitätenhandlung geliefert worden ist und in Berlin – wahrscheinlich während der Fußball-Weltmeisterschaft – eingesetzt werden soll. Ich gehe davon aus, dass Ihnen das Amt – trotz Ihrer Beurlaubung – Einsicht in alle relevanten Unterlagen geben wird.«

»Hoffentlich!«

»Dann an die Arbeit, Andreas. Ich denke auch darüber nach. Übrigens, bevor Ihnen zu Weihnachten die Decke auf den Kopf fällt: Meine Frau und ich würden uns freuen, Sie über die Feiertage bei uns zu Gast zu haben.«

»Danke, Walter. Für Feiertage werde ich keine Zeit haben. Wenn es geht, komme ich Sie am Neujahrstag 2006 besuchen. Zu unserem zweiten Jubiläum!«

Als Andreas gegangen war, draußen fiel der erste Schnee, blieb ich lange in meinem Arbeitszimmer sitzen, um einmal mehr über ihn nachzudenken. Welch seltsames Schicksal: Als ich später seine Tagebücher las, stellte ich fest, dass seine Verzweiflung damals noch größer war, als er es in seiner »Beichte« hatte durchscheinen lassen – und dass er mir bei diesem Treffen fast die ganze Wahrheit gesagt hatte.

*

Die Sicherheitsbehörden standen nach meiner Lagebeurteilung vor der bisher größten terroristischen Herausforderung. Sie mussten die Bombe finden, die Einschleusung des Anschlagskommandos verhindern und örtliche Unterstützungskräfte ausschalten. Außerdem mussten die Sicherheitsvorkehrungen für die Fußball-Weltmeisterschaft noch einmal überprüft und verstärkt werden.

Das BKA hob Baslers Beurlaubung auf. Es hoffte, dass Spuren von Angehörigen des Kommandos oder von Unterstützungskräften zur Bombe führen würden. Schon nach der Ermordung Güntürks durch Ismail Aslan hatte man dessen Häuser, Wohnungen und Büros durchsucht und die Antiquitätenhandlung auf den Kopf gestellt. Bei der Auswertung des beschlagnahmten Materials kamen die Fahnder nach und nach zu der Überzeugung, dass Aslan kein aktiver Islamist war, sondern die Islamisten aus rein geschäftlichen Interessen unterstützt hatte. Basler erinnerte sich in diesem Zusammenhang an das, was Ayse Güntürk ihm erzählt hatte: Der »Prächtige« sei religiös völlig indifferent und habe sich nur für Geschäfte und Geld interessiert. Aslan hatte die Islamisten durch vielfältige Geschäfte auf Gegenseitigkeit unterstützt, sogar im Drogenhandel. Die Gegenleistung der Islamisten hatte in der Lieferung archäologischer Kunstwerke, überwiegend Diebesgut aus dem Nahen und Mittleren Osten, bestanden. Bei der Gründung der Antiquitätenhandlung in Berlin mit einer Filiale in Haifa hatten Aslans Geschäftspartner ihm den Jordanier als Berliner Geschäftsführer aufgenötigt.

Das Personal der Antiquitätenhandlung war zu Beginn der Durchsuchungen festgenommen worden und wurde noch verhört. Der Jordanier, gegen den schon ein

Ermittlungsverfahren wegen Geldwäsche lief, war rechtzeitig untergetaucht. Die beschlagnahmten Unterlagen zeigten, dass der Jordanier für Aslans islamistische Geschäftspartner aufgetreten war und dass die Transaktionen, derentwegen er der Geldwäsche beschuldigt wurde, Geschäften zwischen Aslan und den Islamisten gedient hatten. Über die Drogengeschäfte hatte Aslan im Übrigen auch die Islamisten-Gruppe an der Uni mitfinanziert.

Die Vernehmung der Mitarbeiter der Antiquitätenhandlung führte die Fahnder zu der Annahme, dass sie zwar in den illegalen Kunsthandel verstrickt, aber keine Islamisten waren. Sicher jedoch deren Sympathisanten.

Eine Spur der Bombe oder ihres Weitertransports fand die Polizei nicht, obwohl die Suche nach ihr gegenüber der Beobachtung des Handels mit B- und C-Waffen sowie Gefechtsfeldraketen jetzt Priorität hatte. Auch die nochmalige Durchsuchung des ehemaligen Tonwerks am Grimnitzsee brachte keine neuen Erkenntnisse. Das Gleiche galt für die wiederholte Überprüfung der Personal-, Arbeits- und Sozialhilfepapiere der Mieter in den ehemaligen Werkswohnungen.

In Sachen Anschlagskommando leistete die CIA dem BKA Amtshilfe, indem sie ein Foto des pakistanischen Atomwissenschaftlers übermittelte, der angeblich zu dem Kommando gehören sollte. Das BKA gab das Foto an Zoll und Bundesgrenzschutz weiter. In der Koordinierungsgruppe der Sicherheitsbehörden wurde beschlossen, den Mann, sollte er identifiziert werden, nicht sofort zu verhaften, sondern vielmehr eng beschatten zu lassen. Vage Hinweise, dass Kommando-Mitglieder einzeln vom Irak über Syrien und die Türkei nach Deutschland eingeschleust werden sollten, veranlassten die Koordinierungsgruppe außerdem, die türkischen Sicherheitsbehörden in ihren Informationsverbund einzubeziehen.

Die israelischen Sicherheitsbehörden hatten zunächst weitere Einzelheiten des Nukleartransports aufgeklärt. Von der Transportfirma in Haifa ließen sie sich eine genaue Zeichnung und Beschreibung des Transportbehälters und der Verpackung des »Diplomatengepäcks« geben. Kopien gingen an das BKA. Obwohl manches dafür sprach, dass die auftraggebende Filiale in Haifa in der Transportfirma einen Mitwisser gehabt haben musste, ergaben sich in dieser Richtung keine neuen Erkenntnisse.

Vom BKA mit den aus Verhören und Durchsuchungen gewonnenen Erkenntnissen versorgt, hatten die Israelis den libanesischen Geschäftsführer der Filiale der Antiquitätenhandlung in Haifa in Untersuchungshaft genommen und dort das Oberste zuunterst gekehrt. Der Handel mit geraubten oder gestohlenen Kunstwerken war das Hauptgeschäft dieser Filiale gewesen. Es war aber noch nicht klar, ob der Geschäftsführer in Haifa nur ein Helfer beim illegalen Kunsthandel oder aber auch ein Vertrauensmann der islamistischen Seilschaften beim Nuklearschmuggel gewesen war.

184

Gleichzeitig hatte die Polizei die Mitarbeiter des Rüstungslabors in Dimona, in dem der Beschuldigte gearbeitet hatte, vernommen. Denen war zwar der Deutschen-Hass ihres Kollegen bekannt, eine derartige Tat hätten sie dem angesehenen, wenn auch etwas seltsamen Mann aber nicht zugetraut. Sie gaben den Ermittlern eine ungefähre Beschreibung der Mini-Bombe und fertigten für sie eine technische Zeichnung des Prototyps an. Auch Kopien davon gingen – nach längerer intensiver Diskussion der Sicherheitsbehörden – an das BKA.

Danach hatten sich die Ermittler dem weiteren persönlichen Umfeld des Beschuldigten zugewandt. Irgendwie musste er ja Kontakt zu den Islamisten gefunden und gehalten haben, die die Mini-Bombe nach Berlin transportiert hatten. Der Beschuldigte kannte natürlich eine große Zahl von Nuklearwissenschaftlern in aller Welt. Auch den von der CIA verdächtigten pakistanischen Experten hatte er auf Konferenzen getroffen. Die Durchsicht seiner Korrespondenz und anderer Papiere förderte aber keine Verbindungen zu Islamisten zutage.

Dem äußeren Ablauf nach musste die Verbindung also über die Antiquitätenhandlungen in Haifa und Berlin gelaufen sein. Man nahm sich noch einmal den Geschäftsführer in Haifa vor. Der kannte den Jordanier in Berlin gut, schließlich arbeiteten sie seit Jahren zusammen. Eine Verbindung seines Geschäfts mit islamistischen Terroristen wies er aber weit von sich. Wenn dem »Diplomatengepäck« illegalerweise etwas beigefügt worden sein sollte, müsse das in der Transportfirma geschehen sein. Die

Filiale habe das Relief-Bruchstück zwar fachmännisch gesichert, für den Transport einschließlich des Transportbehälters sei aber allein die Spedition zuständig gewesen.

*

So blieb für die israelischen Sicherheitsbehörden auf der Suche nach »ihrer« Bombe – sie mussten sie zurück haben – der Beschuldigte der wichtigste Ansatzpunkt. Nach seinem ersten Teilgeständnis oder richtiger Bekenntnis hatte er weitergehende Aussagen standhaft verweigert.

Der israelische Vernehmungsoffizier hatte sich zwischenzeitlich die Frage gestellt, warum der Beschuldigte sich darauf verlassen hatte, dass die Islamisten die ihnen von ihm zugedachte Rolle auch spielen würden. Propagandistisch gesehen mochte es für islamistische Terroristen verlockend sein, eine weltweite, prestigeträchtige Veranstaltung wie die Eröffnungs- oder Abschlussfeier einer Fußball-Weltmeisterschaft in Deutschland ausgerechnet mit einer »jüdischen« Bombe in die Luft zu jagen. Es gab für sie aber lohnendere Ziele, vor allem in den USA, wenn es auch schwieriger sein würde, die Bombe dorthin zu bringen. Die Frage blieb: Wie konnte der Beschuldigte sich darauf verlassen, dass die Islamisten überhaupt etwas in seinem Sinne tun würden? Der Beschuldigte war sicher fanatisch, aber so verrückt, um sich diese Frage nicht selbst zu stellen, war er sicher nicht.

Schon gar nicht angesichts des von ihm eingegangenen Risikos.

Als der Vernehmungsoffizier den Beschuldigten gefragt hatte, wie er sicher sein könne, dass seine islamistischen Partner die Bombe im vereinbarten Sinne einsetzen und sie nicht in die USA oder zurück nach Israel bringen würden, um sie dort hochgehen zu lassen, hatte der Beschuldigte erklärt, er gehe davon aus, dass seine Partner einen Versuch, die Rucksack-Bombe in die USA oder zurück nach Israel zu bringen, für zu riskant halten würden. Sie hätten ihm auch versprochen, sie in Berlin einzusetzen.

Auf die Frage, ob ihm das Garantie genug sei, – so hieß es weiter in dem dem BKA übersandten Bericht – habe der Beschuldigte mitgeteilt, es seien natürlich einige Sicherungen eingebaut: In seinen Anweisungen für den Transport, die Wartung und die Bedienung der Bombe habe er hineingeschrieben, dass die Bombe bei einem Manipulationsversuch an ihr sofort explodieren würde. Außerdem habe er hinzugefügt, dass die Bombe nur für einen bestimmten Zeitraum einsetzbar sei. Der Bluff wirke sicher. Weitere Erklärungen hatte der Beschuldigte abgelehnt.

Den Verhörexperten gelang es, den Beschuldigten zum Weiterreden zu bringen, indem sie ihm vor Augen führten, wie sehr seine Tat Israel schon jetzt geschadet habe, und indem sie ihm die katastrophalen Folgen ausmalten, sollten sie die Bombe nicht mit seiner Hilfe zurückbekommen.

Der alte Herr knickte ein. Der libanesische Geschäftsführer in Haifa und der jordanische Geschäftsführer in Berlin seien seine Verbindungsleute zu den Islamisten gewesen. Die Bombe sei in Berlin. Wo genau, wisse nur der Jordanier. Auf die Frage, ob er den Ermittlern helfen könne, an diesen heranzukommen, räumte er ein, für den Notfall eine Handynummer zu besitzen. Das Stichwort für einen solchen Notfall sei »Chutz me se hakol besseder«.

Der Vernehmungsoffizier musste sich einmal mehr gefragt haben, wie es um den Geisteszustand des Mannes bestellt sei. Es handelte sich um den Refrain eines spaßigen Liedes über einen Ritter, der, bei seiner Heimkehr mit lauter Schreckensnachrichten empfangen, nach jeder neuen Schreckensnachricht vom Refrain mit der Versicherung getröstet wird: »Sonst ist alles in Ordnung!« Der Vernehmungsoffizier ließ sich vom Beschuldigten die Handynummer des Jordaniers geben.

Der Beschuldigte versprach, den Jordanier auf dem Mobiltelefon anzurufen, sobald die Vorbereitungen zum Abhören des Gesprächs getroffen worden seien. Die Ermittler schärften ihm ein, er solle dem Jordanier das Stichwort nennen und ihm dann erklären, er müsse die Bombe zurückhaben. Sie habe einen Konstruktionsfehler.

Die israelische Polizei informierte das BKA. Zusammen bereiteten sie das Abhören des Gesprächs vor. Beide machten sich außerdem daran, die vom Handy des Jordaniers geführten Gespräche aufzulisten und zu analysieren. Den Telefonverkehr des Beschuldigten hatte der Mossad schon durchforstet.

*

In Deutschland wurde festgestellt, dass der Jordanier von dem Notfall-Handy nur wenige kurze Anrufe getätigt hatte. Es waren eher Stichworte oder Signale gewesen als Gespräche. Kombinierte man das Muster dieser telefonischen Aktivitäten mit den Daten, die die Experten auf seinem Computer gefunden hatten, ergab sich ein ziemlich klares Bild seiner Verflechtung in die örtliche wie in die internationale Terroristenszene. In den letzten Wochen hatte er zum Beispiel eine Reihe von unterschiedlichen Handynummern im Irak und in Syrien angewählt.

Während die Israelis die Aufklärung der Empfänger der Anrufe im Nahen und Mittleren Osten übernahmen, konzentrierten sich die deutschen Sicherheitsbehörden auf Berlin. Hier fiel zunächst auf, dass der Jordanier das Handy auch noch nach seinem Abtauchen benutzt hatte. Das machte es wahrscheinlich, dass es immer noch für Notfälle zur Verfügung stand. Die israelische Polizei war erfreut, das zu hören.

Ferner ermittelte man, dass der Jordanier in den vergangenen Wochen zwei Berliner Telefonnummern angerufen hatte. Die Recherche ergab, dass es sich bei der einen Nummer um ein Möbellager und bei der anderen um einen Bootsverleih in Berlin handelte. Andreas Basler schlug vor, diese Spuren erst weiterzuverfolgen nachdem der Beschuldigte sein »Notfall«-Gespräch mit dem Jordanier geführt hatte.

Die Ermittler in Israel hatten mit dem Beschuldigten das Vorgehen mehrfach besprochen. Er tippte die Nummer des Handys ein, es meldete sich eine Männerstimme. Die spätere Stimmanalyse des BKA bestätigte, dass es der Jordanier war.

Der Beschuldigte zitierte den Refrain und sagte dann in englischer Sprache: »Hier spricht ein Kunstliebhaber.«

»Und?«

»Ich muss das teure Stück sofort zurück haben. Es hat einen Konstruktionsfehler!«

Es trat eine Pause ein, dann sagte der Jordanier: »Dazu ist es zu spät. Wenn das Stück nicht gefällt, werden wir es entsorgen.«

»Aber ...«, begann der Beschuldigte zu antworten. Doch der Jordanier hatte sein Handy schon ausgeschaltet. Das Gespräch hatte nicht lange genug gedauert, um geortet werden zu können. Der Jordanier war auf der Hut gewesen – und war nun gewarnt.

Basler fragte den Mossad-Verbindungsmann in Berlin, wie seine Leute die Worte »dazu ist es zu spät« deuteten.

»In dem Sinne, dass die Islamisten mit der Vorbereitung des Anschlags bald fertig sein werden.«

»Die Fußball-Weltmeisterschaft beginnt aber erst Anfang Juni, das Endspiel ist Anfang Juli, jetzt haben wir Mitte April.«

»Das schließt ja nicht aus, dass sie mit der Vorbereitung schon fertig sind.«

»Und was kann der Satz bedeuten, sie würden die Bombe, falls sie nicht funktioniert, ›entsorgen‹?«

»Das könne ›wegwerfen‹ oder ›zerstören‹ bedeuten, meinen meine Kollegen. Ich neige zu der Interpretation, dass sie sich für diesen Fall nicht mehr an die Absprache gebunden fühlen und mit dem ›Stück‹ machen werden, was sie selbst für richtig halten.«

Als Basler diese Informationen der Koordinierungsgruppe weitergab, fügte er als einzige eigene Schlussfolgerung hinzu: »Wir haben offenbar nur noch wenig Zeit.«

*

Basler fuhr mit den Kripoleuten zu dem vom Jordanier angerufenen Möbellager.

»Das ist schlau, die Bombe dort zu verstecken«, meinte einer der Kripo-Beamten.

»Da gibt es keine Bombe«, antwortete Basler. »Der Mann muss doch jederzeit an die Bombe herankommen können.«

Der Geschäftsführer des Lagers bestand auf Vorlage eines Durchsuchungsbefehls. Basler zückte seinen Ausweis. »Bundeskriminalamt. Wir wollen Ihr Lager nicht durchsuchen, wir müssen uns nur einmal die Möbel ansehen, die die Antiquitätenhandlung aus Wilmersdorf bei Ihnen abgestellt hat.«

Der Geschäftsführer, unsicher geworden, willigte ein. Die Beamten wurden fündig. Sie fanden in den Möbeln zwar keine Bombe, aber im Geheimfach eines Sekretärs kleine goldene Figuren, denen selbst die Polizisten ansahen, dass sie uralt und vermutlich wertvoll sein müssten. »Da hat sich der Jordanier offensichtlich etwas für seine Altersversorgung beiseite gelegt«, kommentierte Basler und verdonnerte den Geschäftsführer, niemandem, aber auch wirklich niemandem etwas von ihrem Besuch zu sagen.

Der Bootsverleih lag an der Scharfen Lanke. Der Geschäftsführer, ein Ur-Berliner, schaute in sein Auftragsbuch und bestätigte ihnen eine Anfrage von Mitte März. Der Anrufer habe wissen wollen, wann die Saison beginne und ob er für eine Fahrt auf Berliner und brandenburgischen Gewässern ein Motorboot für fünf Personen, Kapitän inbegriffen, für einen Tag, eine Nacht und den folgenden Tag chartern könne. Als er das bejaht und den Mann nach seinem Namen gefragt habe, habe der erklärt, der Kapitän werde vorbeikommen, sich ein Boot aussuchen und die Einzelheiten besprechen.

»Und? Ist er gekommen?«, fragte Basler, dem sein siebter Sinn sagte, dass er eine Spur gefunden hatte.

»Ja, aber erst Anfang April. Es war ein Deutscher ausländischer Herkunft, Türke oder so etwas, etwa Mitte vierzig. Er hatte alles an Papieren, was der Kapitän eines Motorbootes hier braucht. Und er wusste Bescheid. Angesichts der geringen Geschwindigkeiten, die Sportboote

192

auf den hiesigen Gewässern fahren dürfen, entschied er sich für ein Wanderboot. Als ich seine Papiere durchsah, fiel mir ein, dass der Mann im vergangenen Jahr schon einmal ein Boot ausgeliehen hatte.«

»Haben Sie seinen Namen?«

»Ja, ich habe ihn sogar mit seinen Angaben vom vorigen Jahr verglichen. Sie stimmten überein. Es war ein Herr Jallud.«

Die Beamten fanden Jallud, wohl ein libyscher Name, im Berliner Telefonbuch unter »Export/Import«.

»Wollen Sie nicht in unsere Dienste treten?«, fragte Basler den Bootsverleiher.

Der lachte. »Nee, zu schlecht bezahlt!«

»Wann soll die Reise denn losgehen?«

»Ende April/Anfang Mai. Das genaue Datum hat der Mann offen gelassen. Er will rechtzeitig Bescheid geben.«

»Hören Sie«, sagte Basler und gab ihm seine Visitenkarte, »wenn er das Datum festmacht, rufen Sie uns bitte sofort an.« Der Mann nickte. »Halt«, korrigierte sich Basler, »ich habe eine noch bessere Idee. Wir setzen einen unserer Leute hier in Ihr Geschäft.«

Der Bootsverleiher zögerte. Schließlich sagte er: »Er muss aber etwas von Booten und Fahrtrouten verstehen, sonst fällt er auf.«

»Richtig.«

»Dann kann er hier auch gleich was arbeiten.«

»Einverstanden«, stimmte Basler zu, »zum üblichen Lohn.«

Basler rief Engler an: »Ich habe etwas, das Sie sofort hören müssen.«

»Ich habe auch etwas für Sie«, antwortete der Abteilungsleiter. »Kommen Sie gleich her.«

Als sie sich im Amt gegenüber saßen, wollte Basler dem Abteilungsleiter den Vortritt lassen, doch der lehnte ab: »Sie zuerst!«

»Also.« Basler erzählte ihm, was sie beim Bootsverleih herausgefunden hatten. Dann sinnierte er: »Eine Bootsfahrt mit fünf Mann Ende April/Anfang Mai, eine Nacht inbegriffen. Ein aus Libyen stammender Kapitän, der die notwendigen Scheine hat und sich auf Berliner Gewässern auskennt. Ich habe veranlasst, dass er ab sofort beschattet wird. Dazu ein pakistanischer Nuklear-Experte, von dem wir bisher nur wissen, wie er auf dem Foto aussieht.«

Engler lächelte, unterbrach Basler aber nicht.

»Dazu drei ›Gotteskrieger‹, die sich mit Waffen auskennen und irgendwo, vielleicht bei uns, Deutsch gelernt haben: Schon ist das Spezialkommando fertig. Klein, aber fein. Vor Ort Unterstützungskräfte. Fehlt uns nur noch die Bombe.«

»›Nur noch‹ ist gut«, warf Engler ein. »Ein baldiger Anschlag passt übrigens nicht zu den Terminen der Fußball-Weltmeisterschaft.«

»Richtig«, rief Basler. »Und mit dem Boot kann man nicht zum Olympiastadion fahren.«

»Die Scharfe Lanke liegt nicht weit vom Olympiastadion entfernt. Sie könnten es über die Heerstraße in kurzer Zeit mit dem Auto erreichen.«

»Dafür brauchten sie kein Boot. Das ist nötig, um das Kommando einzusammeln, die Attentäter und die Bombe zusammenzubringen und die Einzelheiten des Anschlags in Ruhe miteinander zu besprechen. Also folgen wir dem Boot. Dazu müssen wir mehrere Boote haben, die sich auf den Teilstrecken ablösen.«

»Vermutlich wird die Bombe von einer örtlichen Hilfskraft aufs Boot gebracht. Sie ist ja schon in Berlin«, gab Engler zu bedenken.

Basler dachte nach. »In dem Fall wäre es das Beste, wir schnappen den Überbringer der Bombe. Während des Transports zum Boot ist sie mit Sicherheit noch nicht scharf.«

»Zu einem ortsansässigen Transporteur fehlt uns bis jetzt jede Spur. Also folgen wir dem Boot. Das Kommando wird auch über Nacht an Bord bleiben. Die wollen an Land nicht zusammen gesehen werden. Auf der Fahrt und in der Nacht haben sie genügend Zeit, alles noch einmal zu besprechen. Irgendwo nehmen sie die Bombe auf und der Experte studiert die Instruktionen des Konstrukteurs. Am nächsten Tag bringt der Kapitän das Kommando in die Innenstadt und dann das Boot zurück zum Bootsverleih.«

»Oder er wartet darauf, das Kommando wieder aufzunehmen, nachdem es die Bombe platziert hat.«

»Das hängt in seinen wichtigen Einzelheiten davon ab, welche Route sie nehmen. Von der Scharfen Lanke würde man zum Vergnügen eher nach Süden fahren: Schwanenwerder, Wannsee, Pfaueninsel. Im Norden warten

Kanäle und Schleusen auf die Sportschiffer. Wenn sie in die Innenstadt wollen, müssen sie allerdings erst nach Norden fahren und dann nach Osten in die Spree einbiegen. Der Berlin-Spandauer Schiffahrtskanal ist für Sportboote gesperrt.«

»Oder sie fahren nach Süden und dann in den Teltowkanal.«

»Auf beiden Routen müssen sie durch Schleusen.«

»Also müssen wir Beobachter an den Schleusen postieren, sobald wir wissen, wann sie das Boot abholen.«

»Außerdem sollten wir versuchen, auf dem Boot, bevor es abgeholt wird, einen Peilsender zu installieren, so dass wir sie auf dem Schirm haben. Wir müssen ihnen eng auf den Fersen bleiben, zumal die Ausschiffung des Kommandos die beste Gelegenheit für den Zugriff sein dürfte. Die Risiken des Zugriffs – einschließlich der Gefahr, dass sie die Bombe noch zünden können – hängen aber auch vom Ort der Ausschiffung und seiner Beschaffenheit ab.«

Es trat eine Pause ein. Dann provozierte Engler seinen Kollegen mit der Bemerkung: »Vielleicht sind es aber gar nicht unsere Terroristen, Basler!«

»Das sind unsere Leute!« Basler zweifelte nicht eine Sekunde daran.

»Das werden wir wissen, wenn sich Ihre Spur mit meiner Spur kreuzt: Der Pakistani, unser Nuklear-Experte, ist heute eingeflogen!«

»Nein«, rief Basler ungläubig. »Hat ihn der Bundesgrenzschutz aufgrund des Fotos herausgefischt?«

196

»Ja. Der Mann ist, als Urlauber aufgemacht, mit einer Condor-Chartermaschine aus Antalya nach München geflogen. Unsere Leute haben ihn dann auf seinem Weiterflug nach Berlin begleitet und beschatten ihn jetzt.«

»Und?«

»Für ihn war ein Hotelzimmer in Pichelsdorf reserviert worden, also in der Nähe der Scharfen Lanke.«

»Das passt ja in das Bild, das wir uns von der Sache bisher gemacht haben.«

»Die Papiere, mit denen sich der Pakistani auf dem Flughafen in München ausgewiesen hat, sind übrigens offenbar echt. In Pichelsdorf hat er bisher nur einen kleinen Bummel gemacht. Wir beschatten ihn weiter.«

»Wir verhaften ihn nicht?«

»Nein. Er muss uns zum restlichen Kommando und zur Bombe führen. Wenn wir ihn jetzt verhaften, finden wir die Bombe vielleicht nie.«

»Beten wir zu Gott, dass unsere Kollegen bei der Beschattung keine Fehler machen.«

Engler seufzte: »Ich habe es mir längst angewöhnt, bei unseren Einsätzen zu beten.«

Am Nachmittag traf Basler den Verbindungsmann des Mossad. Der war über die Einreise des pakistanischen Nuklear-Experten bereits unterrichtet. Basler erzählte ihm die Geschichte vom Bootsverleih: »Dort, wo die beiden Spuren sich kreuzen, wird die Bombe sein.«

»Wir werden auch da sein«, bemerkte der Israeli trocken.

»Dann lasst uns den Pakistani und verschwindet mit eurer verdammten Bombe. Hier will keiner das verfluchte Ding haben – wenn es auch keiner zugeben wird.«

»Sprechen Sie für die deutschen Behörden?«

»Ich habe gar nicht gesprochen. Ich habe nur laut gedacht.«

*

Zum Abendessen ging Basler zu Sara. »Wie war dein Tag?«, fragte sie ihn.

»Gut, aber anstrengend.«

»Die Sache spitzt sich jetzt zu?«

»Ja. Nur in der örtlichen Islamistenszene tut sich nach Aslans Tod und der Durchforstung seiner Liegenschaften nichts. Dabei ist es unwahrscheinlich, dass das Kommando ohne örtliche Unterstützungskräfte auskommt. Nur die kennen sich hier wirklich aus. Sie werden ja auch den Bootskapitän rekrutiert haben.«

»Ist eigentlich das Mietshaus am Grimnitzsee einmal durchsucht worden?«

»Ich glaube nicht. Nur das frühere Tonwerk. Die Mieter und ihre Familien sind aber zweimal gründlich überprüft worden.«

»Die Terroristen könnten die Bombe und deren Transporteure dort – fernab der Stadt – verstecken.«

»In einem Mietshaus?«

»Das wäre doch eine ideale Tarnung. Die meisten Bewohner brauchen nichts davon zu wissen. Es reicht aus, wenn die zwei noch von Aslan als Hausmeister und Bewacher eingestellten Männer eingeweiht sind.«

»Unwahrscheinlich. Man kann von da sehr schlecht abhauen, wenn ein Zugriff droht oder das Haus unter Beobachtung steht.«

»Steht es denn noch unter Beobachtung?«

»Nein.«

»Andreas. Lass uns am Wochenende einen Ausflug zum Grimnitzsee machen und uns das Wohnhaus noch einmal ansehen. Ein bisschen frische Luft tut dir gut bei all der Arbeit.«

Basler überlegte eine Weile. »Gut. Viel Zeit haben wir aber nicht. Ich sage meinem Kollegen Fink Bescheid, wo wir sind und dass ich mittags zurück sein werde. Er kann mich notfalls auf dem Handy erreichen.«

In Baslers Tagebuch findet sich nur eine kurze Notiz über dieses Vorhaben. Ihr hatte Basler hinzugefügt: »Theodor Fontane hat den Grimnitzer und den Werbelliner Forst noch in der Mitte des 19. Jahrhunderts als die schönsten Jagdgründe Brandenburgs bezeichnet und das klare Wasser des Werbellinsees gepriesen. Der heutige Großstadt-Berliner wird, wenn er am Ufer des Grimnitzsees steht und über das Wasser und den Wald schaut, wohl eher denken, ›nischt als Jejend‹!« Es sollte Baslers letzte Tagebucheintragung sein.

Am Sonntagvormittag fuhren Sara und Basler in Wanderkluft auf der A 11 bis zur Ausfahrt Joachimsthal und dann nach Althüttendorf am Grimnitzsee. Dort parkten sie den Wagen und wanderten auf dem oberen Rundweg um den See, bis sie die Gegend von Joachimsthal erreichten. Dort verließen sie den Wald und liefen in Richtung des alten Tonwerks. Als sie sich dem Grundstück näherten, hielten sie sich im Sichtschutz von Büschen. So kamen sie ziemlich nah an das Wohnhaus heran. Vor dem Haus saßen Frauen in der Frühlingssonne und passten auf ihre herumtollenden Kinder auf.

»Wir sollten nicht zusammen zum Haus gehen«, sagte Basler. »Geh du doch zu den Frauen, sprich mit ihnen und frag sie, ob du dir das Haus einmal ansehen darfst. Ich bleibe hier im Gebüsch in Deckung.«

Sara ging, ein Lied pfeifend, auf das Haus und die Frauen zu und fragte, wie weit es noch bis nach Joachimsthal sei. Während die Frauen ihr Auskunft gaben, glaubte Sara, an einem Fenster im ersten Stock eine Bewegung bemerkt zu haben. Als sie ihren Blick nach einer Weile noch einmal nach oben schweifen ließ, sah sie, dass eine Gardine etwas zur Seite geschoben wurde. Sie sah das Gesicht des auf sie herabschauenden Mannes nur eine Sekunde lang, war sich aber völlig sicher: Es war der Jordanier. Sie bedankte sich bei den Frauen und kehrte mit der Bemerkung, sie werde auf dem Rundweg weitergehen, zu Basler zurück.

Der wollte die Geschichte mit dem Jordanier nicht glauben. »Du hast erwartet, einen Islamisten zu Gesicht zu bekommen«, wandte er ein, »und meinst nun, es sei der Jordanier gewesen. Gesehen hast du den Mann aber nur eine Sekunde lang.«

»Es war der Jordanier! Ruf Fink an und lass den Laden hier hochnehmen. Vielleicht ist nicht nur der Jordanier hier, sondern auch die Bombe.«

»Unwahrscheinlich. Ich gehe zum Haus und versuche, durch die Hintertür reinzukommen.«

Sara packte ihn am Ärmel. »Tu das nicht, Andreas. Es ist zu gefährlich. So, wie ich den Jordanier erkannt habe, wird er auch mich erkannt haben. Und dich kennt er auch. Lass es! Es wäre ein Alleingang zu viel. Denk an Ayse und ruf das BKA an!«

Doch Basler war schon unterwegs. Er ging in einem großen Bogen auf die Hinterfront des Hauses zu. Sara wollte gerade auf ihrem Handy das BKA anrufen, da hörte sie Stimmen. Sie ging hinter den Büschen in die Hocke. Nach einer Weile hörte sie zwei Männer näher kommen, die sich auf Arabisch unterhielten. Der eine sagte gerade: »Die Vorstellung, dass die deutschen Sicherheitsonkels, die nun schon seit Monaten auf unserer Leimrute ›Fußball-Weltmeisterschaft‹ kleben, jetzt zusehen müssen, wie wir den Reichstag in die Luft jagen, erfüllt mich mit Vorfreude!«

»Allah ist groß«, antwortete der andere.

Die beiden waren vielleicht zehn Meter weitergegangen, als am Haus ein Schuss fiel. Die Männer zogen Waffen und der, der eben noch Allah gepriesen hatte, befahl: »Los! Du nimmst die Vorder-, ich die Hintertür.«

Sara wusste instinktiv, dass Andreas Basler das nicht überleben würde, wenn er nicht überhaupt schon tot war. Sie rief das BKA an und ließ sich Fink geben. Der verband sie mit Engler. Sie berichtete das Vorgefallene, machte aus ihrer Überzeugung, dass Basler tot sei, kein Hehl und sagte mehrfach: »Ziel ist der Reichstag, der Reichstag, nicht das Olympiastadion!« »Leimrute!«

Ayse Güntürk hatte schon früh befürchtet, dass zur Fußball-Weltmeisterschaft in Deutschland eine falsche Fährte gelegt worden sei.

Engler riet Sara, in ihrem Versteck zu bleiben. Ein Einsatzkommando von BKA und Kripo unter Leitung des Kollegen Merkel starte in zehn Minuten. Vom Haus her hörte Sara Schreie von Frauen und Kindern. Dann schlugen Autotüren und ein Wagen raste davon.

Für Sara dauerte es eine Ewigkeit, bis Merkel mit seiner Truppe eintraf. Sie umstellten das Haus, setzten die Frauen und Kinder im Erd-, die Männer im Obergeschoss fest und begannen mit der Durchsuchung. Sara Akşin ging auf Merkel zu, stellte sich vor, machte sonst aber keine Angaben über sich. Sie berichtete über das Vorgefallene.

»Ja«, sagte Merkel, »der Kollege Basler ist tot. Er hätte auf Sie hören sollen.«

»Hätte, hätte – das ist kein Trost. Ich wusste instinktiv, dass er das nicht überleben würde. Vielleicht wollte er ja sterben, er wurde mit Frau Güntürks Tod nicht fertig.«

»Das kann ich gut verstehen«, antwortete Merkel. »Aber Selbstmord hätte Basler niemals begangen. Außerdem war er auf der Jagd, und ein Jäger auf der Jagd sucht nicht den eigenen Tod.«

»Für den Erfolg dieser Jagd hätte er auch seinen Tod in Kauf genommen. Und nun wusste er noch nicht einmal, dass das Ziel des Anschlags offenbar der Reichstag ist und nicht das Olympiastadion.«

»Frau Akşin«, unterbrach Merkel. »Wir sind in einer Großaktion. Gibt es noch irgendetwas, was Sie uns erzählen können und wir wissen müssen?«

»Ich glaube nicht. Haben Sie den Jordanier und die beiden Araber geschnappt?«

»Nein. Haben Sie den Wagen nur wegfahren hören oder auch gesehen?«

»Bei der Abfahrt konnte ich ihn nicht sehen und vorher ist er mir nicht aufgefallen.«

»Wir fahnden jetzt nach ihnen. Vermutlich sind sie nach Berlin unterwegs. Aber der Vorsprung ist groß.«

»Hat die Durchsuchung des Hauses etwas erbracht?«

»Bisher nicht.«

»Kann ich nach Berlin zurückfahren? Mein Auto steht in Althüttendorf.«

»Ich lasse Sie hinbringen.«

In Berlin fuhr Sara direkt zu ihrem Mossad-Kontaktmann. Sie berichtete, was geschehen war und was sie gehört hatte. Und sie gestand ihm etwas, das sie dem BKA-Mann vorenthalten hatte. Die Idee, den Reichstag in die Luft zu sprengen, könnte von ihrem Onkel stammen. Er habe im Reichstag das Symbol all dessen gesehen, was er an Deutschland verachte. Die Nazis hätten ihn erst missbraucht und dann angesteckt. Dennoch habe er das

Nazi-Regime ebenso überlebt wie den Zweiten Welt-krieg. Dass der Bundestag des so genannten »neuen« Deutschlands nach der Einheit ausgerechnet wieder in dieses historisch belastete Haus gezogen sei, spreche Bände. Das könnten weder Christos Verpackung noch Sir Norman Fosters neue Glaskuppel vergessen machen, die zum Wahrzeichen des »neuen« Berlins geworden sei, der »alten Hauptstadt der Judenmörder«.

»Eine ›jüdische‹ Bombe, mit der Islamisten den deut-schen Reichstag in die Luft sprengen! Die Welt ist schon verrückt«, kommentierte der Mossad-Mann.

»Ich hoffe, wir können noch etwas dagegen tun.«

»Wir versuchen es.«

Erst als Sara wieder im Auto saß, um nach Hause zu fahren, überkam sie ein Gefühl völliger Einsamkeit. Ohne Ayse und ohne Andreas war sie hilflos. Sie musste anhalten, um sich die Tränen aus den Augen zu wischen. Zuhause warf sie sich auf ihr Bett und weinte so hem-mungslos, dass sie glaubte, sie würde niemals mehr auf-hören können.

*

Im BKA hatte Engler, wie er mir später berichtete, um-gehend die Amtsspitze unterrichtet und die Koordi-nierungsgruppe zusammengerufen. Die alarmierte den Bundestag und wies alle Sicherheitsbehörden an, die Vorkehrungen zum Schutz des Parlaments und des Re-gierungsviertels zu verstärken.

Merkels BKA-Einsatzkommando hatte im Mietshaus am Grimnitzsee weder die Bombe noch irgendetwas Weiterführendes gefunden. Bewohner des Hauses hatten ihm aber Typ, Farbe und sogar Kennzeichen des Wagens genannt, mit dem der Jordanier und die beiden Männer geflohen waren – ob mit oder ohne Bombe, war unklar. Merkel wurde angewiesen, unter Alarmierung der örtlichen Polizeibehörden die Verfolgung der Geflohenen zu intensivieren, auch wenn diese sich inzwischen vermutlich getrennt oder zumindest den Wagen gewechselt haben dürften. Es sei nicht ausgeschlossen, dass sie sich in Richtung Scharfe Lanke bewegten, in deren Nähe schon der Pakistani geortet worden sei.

Baslers Kollegen Fink wurde die Leitung der Verfolgung des Bootes übertragen. Engler unterrichtete ihn über die im Gespräch mit Basler angestellten Überlegungen: Anbringung eines Peilsenders auf dem an der Scharfen Lanke gecharterten Boot, Besetzung der Schleusen an den möglichen Fahrrouten mit Beobachtern in Zivil. Zunächst sei wahrscheinlich eine längere Fahrt zum Aufnehmen des Kommandos und der Bombe zu erwarten, in welche Richtung immer. Am Ende des Ausflugs müsste das gecharterte Boot zum Zielort in die Stadtmitte fahren, entweder über den Teltowkanal oder, das sei wahrscheinlicher, über die Spree. Zur Verfolgung benötigten sie eine ganze Reihe unterschiedlicher ziviler Boote, die sich häufig ablösen müssten. Da auf den Binnenwasserstraßen derzeit nur mäßiger Sportbootverkehr herrsche, müssten sie aufpassen, keine Überpräsenz zu zeigen, die

die Terroristen misstrauisch machen könne. Vorsichtshalber sollten auch zwei zivile Hubschrauber in Bereitschaft gestellt werden, etwa vom ADAC oder vom Roten Kreuz. Fink solle das alles mit der Berliner Polizei und der Wasserschutzpolizei noch einmal abstimmen.

Fink gab zu bedenken, dass sie an Land mehr Einsatzkräfte brauchten. Zum Beispiel Beobachter nicht nur an den Schleusen, sondern auch an den offiziellen Anlegestellen für Sportboote. Anlegestellen der Fahrgastschifffahrt auf der Strecke sollten von örtlichen Polizeikräften beobachtet werden. Wildes Anlegen werde der Kapitän des Terroristen-Bootes vermutlich zu vermeiden suchen, um nicht aufzufallen. Aber darauf könne man sich nicht verlassen. Außerdem müssten Motorradstaffeln bereitstehen, teilweise ebenfalls in Zivil, die je nach Stand der Dinge schnell verlegt und zusammengezogen werden könnten. Die Landwege seien zwar meist länger als die Wasserwege, aber andererseits seien die Motorräder sehr viel schneller als die Boote.

Engler stimmte zu und ergänzte: »In Bereitschaft brauchen wir auch Kräfte, die im Umgang mit ABC-Waffen geübt sind. Insoweit werden wir die Feuerwehr und auch die Bundeswehr um Unterstützung bitten müssen. Die müssen uns einen Nuklearexperten abstellen, der die Bombe prüft und betreut – wenn wir sie denn finden.« Er machte eine Pause, um dann fortzufahren: »Wir dürfen aber auch nicht überorganisieren. Mindestens ebenso wichtig ist eine sichere Kommunikation zwischen Einsatzleitung und Einsatzkräften und der

Einsatzkräfte untereinander. Und mit sicher meine ich: technisch sicher, störungssicher und abhörsicher.«

»Dafür müssen Sie unsere Kommunikationsspezialisten mobilisieren. Selbst die werden Ihnen aber keine hundertprozentige Garantie geben können. Ich mache mich jetzt an die weitere Planungs- und Organisationsarbeit.«

*

Fink und seine Leute waren mit den Vorbereitungen noch nicht fertig, als ihr im Bootsverleih an der Scharfen Lanke postierter Mann meldete, der Ausflug mit dem gecharterten Boot solle am Sonntag, dem 30. April und am 1. Mai stattfinden. Am Sonntag solle es schon um 9 Uhr losgehen, was für eine längere Fahrt spreche. Fink drängte auf die Beendigung der Vorbereitungen. Wo immer das Kommando von Bord gehen werde, müsse es vom Ort der Ausschiffung noch die vermutlich kurze Strecke zum Ziel der Operation, sprich zum Reichstag zurücklegen – mit der zwar nicht schweren, aber auch nicht gerade leichten *Mini-Nuke*. Die Einsatzkräfte müssten die möglichen Ausschiffungsstellen also auch auf potentielle Abholer hin überwachen.

Sonntag, der 30. April war ein herrlicher Frühlingstag. Alle Boote, Beobachter und Einsatzkräfte waren auf Posten. Engler saß in der Leitzentrale des BKA, Fink auf dem zivilen Führungsboot der Verfolgerflotte, zusammen mit einem Kapitän und einem Experten der Wasserschutzpolizei sowie drei BKA-Beamten, unter ihnen ein Kommunikationstechniker.

Um 8.30 Uhr erschien Kapitän Jallud mit einem der Polizei unbekannten Mann südländischen Aussehens und mittleren Alters. Vermutlich der Chef des Kommandos. Sie übernahmen das voll betankte Boot. Der unbekannte Mann brachte eine große Kühltasche an Bord. Der Beobachter bedauerte, nicht in sie hineinschauen zu können. Doch der mutmaßliche Anführer löste das Rätsel für ihn. Er kaufte im Laden des Bootsverleihs Wasser und Säfte ein und stellte sie in den Eisschrank des Bootes. Dann packte er aus der Kühltasche Proviant aus und verstaute ihn ebenfalls im Eisschrank.

Auf der Scharfen Lanke und der Havel herrschte am Sonntag kaum Berufs- und zu dieser Jahreszeit nur wenig Sportbootverkehr. Umso mehr mussten die Polizisten aufpassen, nicht den Argwohn der Terroristen zu erregen. Finks Führungsboot, das nicht weit vom Bootsverleih entfernt geankert hatte, konnte das Leihboot gut im Auge behalten. Das Peilgerät funktionierte. Kapitän Jallud fuhr auf der Scharfen Lanke einige Übungsschleifen und drehte dann in die Havel Richtung Norden ab. Fink gab das den Beobachtern an den Schleusen und Anlegestellen durch und informierte auch den Rest seiner Truppe, dass die allgemeine Fahrtrichtung wohl Norden sei. Das Team, das den Pakistani in Pichelsdorf beschattete, meldete wenig später, er sei mit einem Taxi in Richtung Spandau-Zentrum unterwegs. Der Kapitän des Charterbootes fuhr, was die vorgeschriebene Geschwindigkeit und sonstige Verkehrsregeln betraf, wie erwartet nicht nur korrekt, sondern geradezu übervorsichtig. Die Verfolger waren wenig erstaunt, als das von ihnen beobachtete Boot die Anlegestelle Schiffbauerdamm in Spandau anlief. Dort stieg der Pakistani, jetzt im maritimen Freizeit-Dress, zu. Das Boot legte gleich wieder ab und bog dann nicht in die Spree ein, sondern fuhr weiter nach Norden, Richtung Schleuse Spandau. Der dort postierte Beobachter und das auf der anderen Seite der Schleuse wartende Boot wurden verständigt. Finks Fahrzeug blieb zurück. Sie wollten erst mit dem nächsten Schub durch die Schleuse gehen. Der Beobachter an der Schleuse meldete, er habe drei gut gelaunte Männer auf einer Vergnügungsfahrt beobachtet. Die Beschatter des Pakistani konnten nun in die Einsatzreserve zurückbeordert werden.

Das Boot fuhr auf der Havel am Tegler See vorbei weiter Richtung Norden in den Oder-Havel-Kanal. »Wo wollen die denn bloß hin?«, fragte der Kapitän auf dem Führungsboot.

»Irgendwohin, um die restliche Mannschaft und die Bombe aufzunehmen und über Nacht Einzelheiten des Anschlags zu besprechen«, entgegnete Fink.

Als das Charterboot – es war inzwischen nach dem Lehnitzsee und der Lehnitzschleuse hinter Oranienburg schon mehrere Stunden unterwegs – immer weiter auf dem Oder-Havel-Kanal in Richtung Osten fuhr, wunderte sich der Kapitän: »Die wollen doch nicht nach Polen abhauen?« Doch bei der Werft Marienwerder bog das Boot nach Norden in den Werbellinkanal ein.

»Da rein sollten wir nicht folgen«, entschied Fink, »obwohl die Fahrt durch die Schorfheide sicher schön ist. Aus dem Werbellinsee können sie ja nicht raus, ohne wieder an uns vorbeizukommen. Wir warten hier an der Werft auf ihre Rückfahrt nach Berlin.«

Dann befahl Fink der Motorradstaffel, die der Werft Marienwerder am nächsten war, zur Schleuse Eichhorst im Werbellinkanal zu fahren. Dort sollten sie einen Be- obachter absetzen und dann auf der Landbrücke zwi- schen Werbellinsee und Grimnitzsee nach Joachimsthal weiterfahren, um sich bei dem dortigen Polizeiposten zu melden. Diesen unterrichtete Fink über die Situation und bat die Kollegen, sich umgehend mit einem zivilen Boot am Eingang des Werbellinkanals in den See zu postieren, um das von ihm beschriebene Charterboot zu beobach- ten. Zeitlich könne das noch klappen, da das Boot ja noch durch die Schleusen Rosenbeck und Eichhorst müsse.

Die Kollegen aus Joachimsthal schafften es rechtzeitig genug, um berichten zu können, das verdächtige Boot habe im Werbellinsee die Anlegestelle des »Camping- platz Am Spring« angelaufen und dort zwei junge Män- ner aufgenommen. Jetzt sei sie auf dem See weiter nach Norden unterwegs. Die Frage, ob die beiden neuen Pas- sagiere etwas mit an Bord gebracht hätten, verneinten die Beobachter.

Fink rief Engler in der Leitzentrale an und berichtete. Seine Schlussfolgerung lautete: »Wo die beiden jungen

Araber sind, die Sara Akşin am Wohnhaus des Tonwerks beobachtet hat, dürfte der Jordanier nicht weit sein. Vermutlich bringt er die Bombe an Bord. Wäre der Grimnitzsee mit dem Boot zu erreichen, hätten sie die Bombe vermutlich irgendwo dort abgeholt. Da das nicht geht, muss er sie zum Werbellinsee bringen. Vielleicht geschieht das in der Nacht. Das Kommando wird die Nacht im Boot auf dem Werbellinsee verbringen, schon weil dort für Motorboote Nachtfahrverbot besteht. Da hat der Pakistani dann genug Zeit, sich die Bombe und die Instruktionen anzuschauen. Die Beschattung des Boots über Nacht übernimmt die inzwischen in Joachimsthal eingetroffene Motorradstaffel. Dirigieren Sie bitte die Fahndungskräfte von Merkel sofort zum nördlichen Ende des Werbellinsees um. Dort können wir den Jordanier vielleicht noch schnappen, bevor er die Bombe an Bord bringt.«

»Mache ich«, antwortete Engler. »Dass wir eine solche Chance bekommen, hätte ich nicht mehr gedacht.«

Das Charterboot fuhr inzwischen auf dem waldumstandenen, in Finks Augen verwunschenen See weiter nach Norden. Fink überlegte schon, ob der Jordanier die Bombe im Rucksack nachts durch den Wald ans Seeufer bringen könnte, da meldete das Beobachtungsboot, die Verfolgten liefen die an der Nordspitze des Sees gelegene Marina Werbellinsee an. Dort blieben sie aber nur kurz, um Abwasser zu entsorgen und das Boot wieder zu betanken. Dann legten sie erneut ab. Bei Einbruch der Abenddämmerung gingen sie in einer kleinen Bucht des

Sees – in vorschriftsmäßiger Entfernung vom Seeufer – vor Anker. Die Männer der Motorradstaffel und ein Kollege der örtlichen Polizei bezogen, auf eine lange Nacht gefasst, am Waldufer ihre Beobachtungsposten.

Das Boot lag friedlich da. An Bord wurde geplaudert, gegessen und getrunken, schließlich auch geschlafen. Vermutlich jeweils vier Mann in den Kojen und der fünfte auf Wache. Zu sehen war der nicht, er saß wahrscheinlich auf der Treppe zur Kajüte. Weiter geschah nichts. Am nächsten Morgen waren die Herren früh auf. Schon um 6.30 Uhr schöpften sie Wasser aus dem See, um sich zu waschen.

»Warum baden die nicht?«, fragte einer aus der Staffel.

»Das Wasser ist noch eiskalt«, antwortete der örtliche Kollege. »Der See ist tief.«

Schließlich lichtete das Boot den Anker. Es fuhr aber nicht, wie von den Beobachtern erwartet, nach Süden zum Ausgang des Sees, sondern zurück zur Marina und legte dort an.

Der Staffelführer kontaktierte den örtlichen Beobachter an der Marina: »Was ist bei euch los?«

»Das Boot ist angekommen, sonst nichts. Hier pennt noch alles – Augenblick! … Ich habe eine Mercedes-Tür schlagen hören, vielleicht ein Taxi … Da kommt ein Mann von der Straße herunter. Er schleppt eine große Kühltasche. Jetzt geht er auf dem Anlegesteg zum Boot. Aus dessen Kajüte tritt jemand an Deck. Die beiden tauschen Kühltaschen aus. Neuer Proviant, nehme ich an … Das Boot legt wieder ab.«

»Danke.« Der Staffelführer brach ab und schrie: »Auf die Maschinen, Leute, rauf zur Marina. Wir verfolgen ein Taxi!«

Das Taxi war noch nicht weit von der Marina entfernt, als die Staffel es einholte. Zwei der Motorradfahrer fuhren an ihm vorbei und versperrten ihm dann, Polizeikellen schwenkend, den Weg. Die anderen umstellten den Wagen. Der Mann auf dem Beifahrersitz zog eine Waffe, doch der türkische Taxifahrer schlug sie ihm beherzt aus der Hand. Als die Polizisten den Mann aus dem Wagen gezogen und gefesselt hatten, rief der Staffelführer: »Sieh da, der Jordanier!« Ein Kollege fragte, woher er den kenne. Er antwortete lakonisch: »Vom Fahndungsfoto.«

Fink war über die Meldung des Staffelführers zugleich betrübt und erfreut. Sie hatten den Jordanier nicht stellen können, bevor er die Bombe an Bord gebracht hatte. Aber sie hatten ihn wenigstens gefasst. Er befahl dem Staffelführer zu warten, bis einer von Merkels Fahndungstrupps zur Marina komme. Die seien schon am Werbellinsee. Dem sollten sie den festgenommenen Jordanier zum Transport ins Berliner Polizeipräsidium übergeben. Außerdem sollten sie die Personalien des Taxifahrers notieren. Der verdiene eine Belohnung. Danach wies Fink das Beobachtungsboot auf dem See an, dem verfolgten Charterboot bis zum Ausgang in den Werbellinkanal zu folgen. »Von da an übernehmen wir wieder. Und: Danke, ihr habt uns großartig unterstützt.«

Fink ließ sich mit Engler verbinden und erstattete Bericht. »Gut gemacht«, lobte der. »Schade, dass wir den

Jordanier nicht mit der Bombe erwischt haben. Was wird jetzt passieren?«

»Jetzt begeben sich unsere Freunde auf die Rückfahrt. Der Pakistani hat weitere Stunden Zeit, die Bombe und die Instruktionen zu studieren. Scharf machen wird er sie erst am Einsatzort. Bis zur Schleuse Spandau dürfte gar nichts passieren. Höchstens machen die mal eine Pause. Das Kommando wird seinen Auftrag erst bei Einbrechen der Dämmerung ausführen wollen, schätze ich. Spannend wird es nach der Schleuse: Biegen sie in die Spree ein oder nicht? Ich glaube, sie werden es tun. Daher gruppiere ich jetzt unsere Kräfte um. Den Hauptteil für einen Einsatz an der Spree, einen kleineren Teil für einen eventuellen Einsatz am Teltowkanal.«

»Einverstanden«, beendete Engler das Gespräch.

Als das verdächtige Boot am Nachmittag wieder in der Schleuse Spandau war, meldete der dort postierte Beobachter: »Kapitän am Steuer, ein Mann am Heck, der Rest in der Kajüte.« Das Boot bog wie erwartet in die Spree ein. Fink vergewisserte sich noch einmal, dass an den Spree-Anlegestellen für Sportboote alles in Bereitschaft stand.

Als das Boot die Charlottenburger Schleuse passiert hatte, meldete sich der Einsatztrupp an der Anlegestelle Bundesratufer, die auf dem rechten Spreeufer liegt, bei Fink. »Chef. Oberhalb des Ufers parkt auf der Straße ein Rettungswagen des Arbeiter-Samariter-Bundes. Dort wo sie am ›Haus Lessing‹ als Sackgasse endet. Der Fahrer steht vor dem Wagen und raucht.«

»Welcher Wagentyp und welches Kennzeichen?« Seine Leute gaben das durch.

»Was ist sonst noch am Ufer los?«

»Bis zum späten Nachmittag war hier auf dem Grünstreifen am Ufer 1.-Mai-Betrieb mit Kind, Kegel und jeder Menge Hunden. Die Schwäne und Blesshühner auf der Spree sind gewaltig überfüttert worden. Gegen Abend wird es jetzt ruhiger, aber die Bänke sind alle noch besetzt und unter den Trauerweiden schmusen noch Liebespaare.«

»Ich rufe Sie zurück.« Fink ließ sich mit der Einsatzzentrale des Arbeiter-Samariter-Bundes verbinden: »Worauf wartet Ihr Rettungswagen am ›Haus Lessing‹?«

»Augenblick … Wir haben dort keinen Wagen stehen.« Fink gab Wagentyp und Kennzeichen durch. »Warten Sie … Das ist kein Wagen von uns.«

Fink rief Engler an und berichtete. »Ein frisierter Wagen, der sicher das Kommando abholen soll. Ich ziehe dort herum weitere Kräfte zusammen. Vermutlich wollen die sich in dem Wagen als Sanitäter verkleiden. Vom ›Haus Lessing‹ sind sie mit dem Wagen über die Hansabrücke in wenigen Minuten an der Siegessäule, dann am Brandenburger Tor und dann schon zwischen Reichstagsgebäude und Reichstagspräsidenten-Palais am rückwärtigen Eingang des Bundestages. Der ist heute bis 20 Uhr für Besucher geöffnet. Sie werden eilig vorfahren, in ihren Samariter-Uniformen aus dem Wagen springen, ASB-Ausweise vorzeigen und vorgeben, einen zusammengeklappten Besucher holen zu müssen. Vermutlich haben sie sogar einen Unterstützer als Besucher in den Bundestag geschickt, der auf ihren Handy-Anruf hin in der Nähe des geplanten Bombenverstecks einen Herzanfall vortäuscht. Mit der Trage und der Bombe in der großen Tasche gehen sie ins Reichstagsgebäude, um den Zusammengebrochenen zu holen. Einer von ihnen platziert dabei die Bombe und stellt den Zeitzünder ein.«

»Wir dürfen sie auf keinen Fall bis zum Reichstag kommen lassen. Schlagen Sie bei der Ausschiffung zu!«

»Das geht nur, wenn sich nicht noch zu viele Maibummler an der Anlegestelle tummeln.«

»Alternative?«

»Wir schnappen uns den Fahrer des Wagens und ziehen ihn aus dem Verkehr. Wir nehmen ihm Waffe und Autoschlüssel ab und öffnen die hintere Tür des Rettungswagens. Während sich das Kommando im Wagen umzieht, schlagen wir zu.«

»Das müssen Sie nach der Situation vor Ort entscheiden.«

»Ja.«

Karl Fink war in all den Jahren seines Polizeidienstes noch nie so angespannt gewesen. Er wies die Mannschaft an, das verfolgte Boot, das nach dem Absetzen des Kommandos vermutlich wenden würde, nach zweihundert bis dreihundert Metern zu stoppen und zu übernehmen. Der Kapitän müsse nach seiner Festnahme sofort ins Polizeipräsidium gebracht werden. Dann ließ sich Fink an der nächsten Anlegestelle der Fahrgastschiffahrt absetzen, stieg über das Geländer und ließ sich mit einem Motorrad zum Bundesratufer bringen.

Der Fahrer des Rettungswagens wurde von zwei Mann in Zivil, die sich im Eingang des »Haus Lessing« bereitgehalten hatten, ausgeschaltet. Er war einer der Mitarbeiter des Jordaniers aus der Antiquitätenhandlung. Sie nahmen ihm Pistole und Wagenschlüssel ab und setzten ihn im Hauseingang fest. Dann schlossen sie die Vordertüren ab und öffneten die rückwärtige Wagentür. Im Wagen waren rechts und links Holzbänke. Auf ihnen lag ASB-Dienstkleidung: weiße Hosen, blaue T-Shirts, rote Rettungsjacken. Unter den Bänken standen zwei kleinere Sanitätskoffer und eine Krankentrage. Vor der Stirnwand stand eine große ASB-Tragetasche. Die Männer schlossen die Wagentür und bezogen wieder ihren Posten.

Das Boot der Verdächtigen näherte sich in langsamer Fahrt und legte an. An der Anlegestelle war immer noch so viel Betrieb, dass ein Zugriff als zu risikoreich erscheinen musste. Das Viererkommando, alle im Sportdress, stieg vom Boot und winkte dem Kapitän noch einmal zu: »Bis zum nächsten Mal!« Der Kapitän winkte zurück, legte wieder ab und wendete.

Der Anführer des Kommandos ging mit dem Pakistani schnurstracks die Treppe zur Uferstraße hoch und auf den Rettungswagen zu. Er zögerte einen Moment – er vermisste den Fahrer – öffnete dann aber doch die rückwärtige Tür und stieg mit dem Pakistani ein. Die zwei jungen Araber trugen die Kühltasche in den Wagen und schlossen die Tür hinter sich.

Fink wartete etwas, er wollte die Terroristen beim Umziehen überraschen. Gerade als der Zugriffstrupp bereitstand, wurde die rückwärtige Tür geöffnet. Der Anführer, schon in ASB-Kleidung, stieg aus. Vermutlich, um nach dem Fahrer zu schauen. Sobald er außer Sichtweite des übrigen Kommandos war, schlug ihn einer der BKA-Leute nieder. Der Versuch, es bei dem jungen Araber, der als nächster aus der Wagentür schaute, ähnlich zu handhaben, ging schief. Der stutzte, stoppte und rief den Zweien im Wagen eine Warnung zu. Er wurde zwar niedergeschossen, aber der zweite Araber schoss auf die Polizisten, die in den Wagen eindrangen. Er verletzte einen von ihnen schwer, wurde dann selber niedergeschossen und aus dem Wagen gezerrt. Der Nuklear-Experte, auch er in Samariter-Uniform, saß auf der rechten Bank hinten im Wagen. Vor ihm stand in der großen ASB-Tasche die Bombe. Als einer der Polizisten mit gezogener Waffe auf ihn zuging, hob er die Hände.

Die Einsatzkräfte, inzwischen war eine uniformierte Motorradstaffel herbeigerufen worden, sperrten das Ufer und die Umgebung ab, um Schaulustige zurückzuhalten. Andere transportierten die festgenommenen Mitglieder des Kommandos ins Polizeipräsidium. Die Verletzten wurden in ein Polizeikrankenhaus gebracht. Der Nuklearexperte der Bundeswehr inspizierte die Bombe. Sie war noch nicht scharf. Zwei Polizisten trugen die große Tasche zur Böschung, hinter der die zur Lessingbrücke führende Straße verläuft. Die Spurensicherung kam,

218

begann ihre Arbeit vor Ort und ließ den Rettungswagen in ihre Werkstatt fahren.

Fink meldete sich bei Engler: »Auftrag ausgeführt.«

»Ich danke Ihnen«, sagte der. »Das haben Sie und Ihre Leute großartig gemacht. Sie haben uns wahrscheinlich vor einer Katastrophe bewahrt.«

Als Fink zusammen mit dem Nuklearexperten die Bombe in der Tasche betrachtete, hielt ein Geländewagen hinter der Absperrung an der Lessingbrücke. Heraus stieg der Mossad-Verbindungsmann. Er kam über die Böschung zu Fink herunter und betrachtete die *Mini-Nuke* interessiert. Dann sagte er: »Ja, das ist sie. Das ist unsere Bombe.« Da Fink schwieg, fügte er hinzu: »Wie mit Basler verabredet, bringe ich sie jetzt an einen sicheren Ort.«

Fink schwieg noch immer. Ihm ging durch den Kopf: Das hätte Basler mir sagen müssen! Als der Mossad-Mann aber den Nuklearexperten aufforderte, mal anzufassen, um die Tasche mit der Bombe in seinen Wagen zu bringen, sagte Fink: »Danke für Ihr Angebot. Wir werden die Bombe in die Obhut der ABC-Abwehr der Bundeswehr bringen. Wo sie endgültig bleibt, muss die Regierung entscheiden.«

Der sichtlich enttäuschte Mossad-Mann brummte: »Na gut, überlassen wir das unseren Regierungen«, und ging zu seinem Wagen zurück.

»Und was machen wir jetzt?«, fragte einer der Polizisten.

»Jetzt kümmern wir uns um die Sicherheit der Fuß-ball-Weltmeisterschaft«, antwortete Fink, während er in den Sonnenuntergang dieses friedlichen Berliner Mai-Abends blinzelte.

*

Ich war über den Erfolg unserer Sicherheitskräfte mehr als erleichtert. Mein schwieriger Freund Andreas und seine Gefährtin Ayse Güntürk hatten, wie so viele vor ihnen, ihren Einsatz mit dem Leben bezahlen müssen. Sie werden nicht die letzten gewesen sein. Die Frage, ob der Kampf gegen den Terrorismus diese Opfer wert ist, kann nach meiner Überzeugung als Bürger und als Poli-zist nur mit »Ja« beantwortet werden. Wir dürfen unsere Toten aber nicht vergessen. Darum habe ich die Ge-schichte von Andreas Basler aufgeschrieben.

Felix Huby im berlin.krimi.verlag

9,90 €

Huby kann für sich in Anspruch nehmen, neben seinem schwäbischen Ermittler Bienzle, den Ruhrpott-Schimanski und nun den bisexuellen Kommissar Ole van Dyck erfunden und installiert zu haben – eine echte Bereicherung.

berlin.krimi.verlag
www.bebraverlag.de

Sex, Drugs, no Rock'n Roll!

ISBN 978-3-89809-023-0

9,90 €

Jochen Senf, alias Tatort Kommissar Max Palü, lässt seinen Ermittler, Rechtsanwalt Bruno Paul, in einer Welt der tödlichen Vergnügungsindustrie ermitteln – Sex, Drugs, no Rock'n Roll!

berlin.krimi.verlag
www.bebraverlag.de